U0914703

请周一贯先生评课

『童真语文』的好课课谱

TONGZHEN YUWEN DE HAOKE KEPU

季科平 著

广西教育出版社 南宁

图书在版编目（CIP）数据

“童真语文”的好课课谱 / 季科平著. -- 南宁 ：
广西教育出版社，2022.5
（请周一贯先生评课）
ISBN 978-7-5435-9136-3

Ⅰ. ①童… Ⅱ. ①季… Ⅲ. ①阅读课-教学研究-小学 Ⅳ. ①G623.232

中国版本图书馆 CIP 数据核字(2022)第 074258 号

项目策划：陆思成　周　影
组稿编辑：周　影
责任编辑：周　影
装帧设计：李浩丽
责任校对：谢桂清
责任技编：蒋　媛

出 版 人：石立民
出版发行：广西教育出版社
地　　址：广西南宁市鲤湾路 8 号　　邮政编码：530022
电　　话：0771-5865797
本社网址：http://www.gxeph.com
电子信箱：gxeph@vip.163.com
印　　刷：广西桂川民族印刷有限公司
开　　本：787mm×1092mm　1/16
印　　张：16
字　　数：230 千字
版　　次：2022 年 5 月第 1 版
印　　次：2022 年 5 月第 1 次印刷
书　　号：ISBN 978-7-5435-9136-3
定　　价：45.00 元

如发现图书有印装质量问题，影响阅读，请与出版社联系调换。

目　录

二、古诗文阅读 048

三、整本书阅读 094

序

杨再隋

一种教学风格，赋予新的人文内涵，演绎出生动活泼的课堂景象，物化为呈系列的分类课谱，鸣奏出美妙的课堂协奏曲。这就是特级教师季科平的新著——《“童真语文”的好课课谱》给我的第一印象。

该书由“现代文阅读”“古诗文阅读”“整本书阅读”“拓展课程阅读”“同课异构阅读”五部分组成，几乎涵盖了我国近些年来中小学语文教学实践探索的新成果。从内容到策略，从目标到过程，从单篇到整本，全景式地铺展了语文教学的课程蓝图。更为可贵的是，全书由季科平恩师、著名语文大家周一贯先生精心点评，周先生的点评使本书不仅绽放出语文课堂之花，而且结下了语文教学思想之果。

童真语文的实践探索，对我国基础教育具有很强的针对性。从古到今，社会上曾普遍存在轻视儿童的现象，所谓“童言鸟语，百无禁忌”，把童言混同鸟语，视儿童为何物！在小学教学中，教师目中无人、心中无儿童的现象并不鲜见。站在课堂中央，居高临下，刻板严肃的是教师，课堂上讲话最多的还是教师。即使课堂上有点小幽默，也不过是教师调侃学生以博一笑而已。至于在教学中违背儿童身心发展规律，拔苗助长、急于求成者，更不少见……这些都有悖于童真语文的儿童观。

何谓童真？我认为，童真就是儿童的本体、本色、本性、本真。他们天真无邪，天性纯真，天赋潜质。有学者论及：“儿童的生命是主动的，向善的，向真的，向美的。”其中，真是前提，唯其是真，才可能向善，否则便是伪善；唯其有真，才可能有美，否则便是畸形的美。周一贯先生也在本书中对童真语文做了界定，他说："童真语文应该是真的儿童在求真老师的引领下，快乐地拥抱真善美的语文。"周先生的界定，内涵丰富，意蕴深邃，独到而精辟。我十分赞同，并略加引申：童真语文是儿童语文，也是教学活动中的语文。童真语文教学是在真实的语境中，在富有童心、爱心的老师的引导下，学生快乐地学习运用语言的过程，是学生探求真知，获得美感，陶冶情操的自主实践活动。

诠释童真语文，必先认识儿童。中外不少学者对此有许多发人深思的见解。卢梭在西方最早"发现"了儿童，他认为儿童是真正意义上的人，儿童具有独立的存在价值；美国实用主义哲学家、教育家杜威一生倡导"儿童中心主义"，他认为儿童犹如太阳，一切教育活动都应围绕太阳旋转；闻名遐迩的幼儿教育家蒙台梭利认为"儿童是小小的探索者"；苏联教育家苏霍姆林斯基明确指出"儿童就其天性来讲，是富有探索精神的探索者，是世界的发现者"；毕加索说过"每一个儿童都是艺术家"，儿童的涂画、歌唱、跳跃蕴含着一种迷人的秩序，儿童会用一粒石子、一块小砖头或者一段小树枝在墙壁、路面、沙滩上绘出自己心中的独白、梦想、欢乐或忧伤。我国明代学者袁宏道也有高论，他说："夫趣得之自然者深，得之学问者浅。当其为童子也，不知有趣，然无往而非趣也。"较之前述，还有更为"惊世骇俗"的说法。英国湖畔诗人华兹华斯曾在一首诗中写道："儿童是成人之父 / 我希望在我的一生里 / 每天都怀着天然的虔敬。"蒙台梭利也曾说过"儿童是成人之父"。这些虽然是对尊重儿童、信任儿童的一种诗意的表达，但却"使我们认识到，儿童的成长过程是生命进化历史的浓缩……这本身就会使我们成人对儿童的生命和儿童的精神世界产生一种敬畏与赞美"。[①]

好奇、好问、好动、好玩是儿童的天性。他们乐于"发现"，喜欢"打破砂锅问到底"。在本书呈现的课堂实录中，无论是"现代文阅读"还是"古

---

①华兹华斯的诗、蒙台梭利的观点，以及引文均参见刘晓东《儿童文化与儿童教育》，教育科学出版社 2010 年版。

诗文阅读”，贯串其间、渗透其中的重要思想和关键策略，就是“发现”。让儿童在发现中感知事物的形象，在发现中窥探现象背后遮蔽着的真相，在发现中了解事物之间隐藏着的关系和联系，从而尝试去揭示事物发展变化的特点和规律。

以季科平执教《雷雨》（二年级下册）为例。老师先让孩子们静下来，用心倾听来自大自然的声音，从音频里孩子们听到了打雷下雨的声音，喜形于色，脱口而出：轰隆隆，噼里啪啦，哗啦啦，哗哗哗……这些象声词在不经意间都由孩子们说出来了。这不仅激发了儿童学习的兴趣，也是对儿童倾听能力的训练。先认真听，再仔细看“雷雨”两字，通过观察字形结构，发现构字之奥秘，从而揭示了课题。

当前小学语文教学的弊端之一，就是感知不充分，因语言唤起的形象没有在学生头脑中立起来，更没有活起来，致使表象单薄，想象枯竭，联想断裂。学生由于抽象逻辑思维缺乏具体形象思维的支撑，其思维只能徘徊于浅滩而无法进行高阶思维。季科平老师积多年语文教学之经验，在教学中充分调动学生听觉和视觉能力，让雷雨的声、形深深地印在学生的脑海里。在此基础上，促动学生去发现，去探究。请看季老师在链接视频后，如何通过解读语言现象去发现自然现象的变化。特摘录课堂实录片段如下。

师：这节课，我们先走进“雷雨时”这幅图画。请大家默读课文第 4、第 5、第 6 自然段，画出带“雨”的句子。

生默读并画出相关句子，然后交流出示

> 哗，哗，哗，雨下起来了。
>
> 雨越下越大。往窗外望去，树啊，房子啊，都看不清了。
>
> 渐渐地，渐渐地，雷声小了，雨声也小了。

师：请你连着读一读画线的三个句子，看看自己有什么发现。

生：雨越下越大。

生：雨越下越大之后，雨渐渐地停了。

…………

“发现”是从感知到思维的认知心理过程，其中有分析，有比较，还有情感的伴随。对儿童而言，乐于发现、善于发现是十分重要的心理品质，也应是童真语文的特色。当然，童真语文不仅关注儿童生命活动的生成状态，还要关注儿童生命发展的生长状态。随着儿童年龄的增长，除了发现学习，还有质疑性学习、思辨性学习，以逐步提高学生运用语言的能力和思维活动的水平。

童真语文的内涵十分丰富，为正在进行的实践探索留下了创新的空间。由于儿童的天性各不相同，后天的环境差异很大，对儿童身心的发展变化不好把握，以致难以形成童真语文的教学模式。但本书几十个不同的课例中渗透着的童真语文的儿童观、教学观、策略观，给我们描绘了童真语文实践探索的近景和远景。我想，践行童真语文，首先要深刻认识童真语文的思想精髓，其次要像季科平老师那样爱孩子，爱语文，初心不忘，童心永驻，积极进取，永不懈怠，把探索践行童真语文作为毕生的追求。还要像已故的著名特级教师于永正老师那样“教了一辈子书，最后把自己也教成了孩子”。于老师心中的“孩子”是有大情怀、大智慧、真性情的“孩子”。这是一种修养，更是一重境界。

本月初接到季科平老师电话，嘱我为她的新著写“序”，还透露书稿已发出版社，就等“序”了。季老师言辞恳切，难拂美意。浏览全书，情不自禁，匆匆提笔，言不尽意。移步窗前，仰望蓝天，白云悠悠；俯视窗下，几株玉兰树上，小鸟啁啾，顾影自我，老气横秋。忽然一个念头冒出来：如果我也是一个孩子，该多好啊！

2021 年 9 月 17 日上午写于华中师范大学桂子山

（杨再隋，华中师范大学教授）

一 现代文阅读

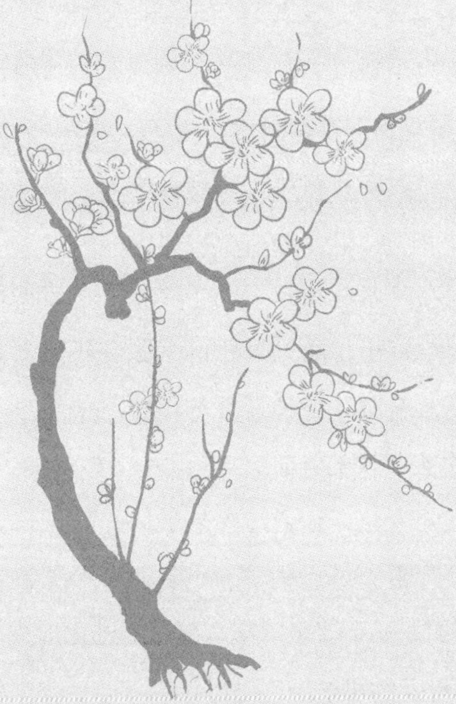

1

多元链接：让深度学习真实发生

——二年级下册《雷雨》教学

教学设想

《雷雨》是统编教材二年级下册第六单元的一篇课文。《雷雨》用精练的语言，为我们形象地描绘了夏季的雷雨景象。文章按雷雨前、雷雨中、雷雨后的顺序，清晰地展开描写，语言凝练，用词准确，写景逼真，一场雷雨犹在眼前。

第 1 ～ 3 自然段写雷雨即将来临的景象，一个“压”字传神地写出了乌云的低沉厚重，一个“垂”字写出了蜘蛛逃亡的紧张与机灵，两个“越来越……”表现了雷电的变化，增添了一种惊恐的感觉。第 4 ～ 6 自然段再现雷雨中大雨倾盆，来得快也去得快的景象。作者运用“越……越……”“渐渐地……”等词语来描写雷雨的变化，还通过窗外的树、房子来表现雷雨袭来的气势。第 7 ～ 8 自然段写雷雨过后的清新世界。一个“挂”字，形象地表现了彩虹生动而立体的美。一个“坐”字与前面的逃亡形成了对比，此时让人看到了一只悠闲的、可爱的蜘蛛。

如何让儿童在第一课时的学习中，自然而然地解读“雷雨”的文字现象、篇章现象以及语言现象呢？我认为展开多方链接，为儿童编织一张学会学习的“网”，十分有必要。

首先是链接学情，解读“雷雨”的文字现象。每一个文字都是中华民族深厚文化的积淀，唤醒儿童对文字的感觉和热爱，是语文教育的重要价值所在。《雷雨》这一课中，要写的生字有 9 个：雷、乌、黑、压、垂、户、新、迎、扑。结合学情分析，我们可以清楚地知道，这一课比较难写的是“垂”和“迎”字，特别是“垂”字。而“雷”和“雨”两字同时出现在课题中，便有了深度学习的必要。所以第一课时我特别关注的就是“雷”“雨”“垂”这几个字。

其次是链接资源，解读“雷雨”的篇章现象。《雷雨》这篇文章虽然短小，但篇章结构非常清楚——按雷雨前、雷雨中、雷雨后的顺序展开了生动的描写。而且课后作业的第一题中就有这样的要求：说说雷雨前、雷雨中和雷雨后景色的变化。链接课文插图资源，让二年级孩子的形象思维与抽象思维自然地对接起来，在展开真实的深度学习的过程中巧妙地解读这一课的篇章现象。

最后是链接生活，解读“雷雨”的语言现象。每一篇文章都会有自己的语言现象，而“越……越……”便是《雷雨》这一课鲜明的语言现象。第一课时选择直击“雷雨中”，让儿童通过深度学习去感受这一场雷雨。借助朗读，走进课文里的雷雨；借助微课，链接生活里的雷雨；借助表达，激活儿童心中的雷雨。

教学实录

一、链接音频，解读文字现象

师：伸出你的小手臂，轻轻地给自己一个拥抱，然后深呼吸，让自己静下来，闭上小眼睛，竖起小耳朵，用心倾听来自大自然的声音。（播放雷雨音频）

生：我听到了雷雨的声音。

师：谁会模仿一下雷的声音？

生：轰隆隆。

师：如果让雷声打得更响一些……

生 1：轰隆隆（读得响一些）。

生 2：轰隆隆（读得更响）。

师：雷声越来越响。谁会模仿一下雨声呢？

生 3：噼里啪啦。

生 4：哗啦啦。

生 5：哗哗哗。

师：请你们看着黑板上的这两个字（雷、雨），这两个字里藏着好多秘密呢。让我们也来个“穿越”，去看看老祖宗造出的“雷”字和“雨”字。请你来猜一猜，第一排是哪个字？

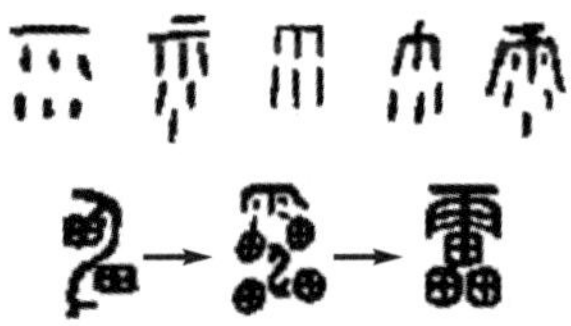

（第二、第三个“雷”字后出示）

生：第一排是“雨”字。因为它的点就像雨落下来一样。

师：原来老祖宗根据雨点的样子造出了“雨”字，那下面的那个字就是——

生：“雷”字。

师：“雷”中间的曲线指的是——闪电；旁边画的那两个“田”就表示隆隆的雷声。（出示“雷”的文字演变过程）在变化的过程中，“田”从两个变到四个，然后又变成了三个，现在就剩下了一个。老祖宗巧妙地通过文字的样子告诉我们“雷”的意思。这两个字变成好朋友，站在一起的时候，你会发现它们长得特别像。

生：“雷”的上面就有一个“雨”字。

师：“雷”上面就有一个“雨”字，你同意这样的说法吗？

生：上面的这个“雨”叫“雨字头”。

师：对，它叫雨字头。当“雨”变成“雨字头”的时候，它就发生了变化，它左边的一竖变成了——

生：短短的一点。

师：“横折钩”变成了——

生：横钩。

师：你看这个“雨字头”，它就像一顶——帽子，戴在“田”字的上面。看清楚了，这顶帽子一直戴到哪个位置？

生：横中线。

师：再看看，“雨字头”中间的一竖，“田”字中间的一竖——

生：都写在竖中线上。

师：现在请你在“田”字格里，端端正正地写一个“雷”字。

（生写字，师巡视）

二、链接插图，解读篇章现象

师：嗯，写得不错，“雨”字头像一顶大帽子，就这么戴了下来。接下来让我们一起走进夏天里的这场雷雨。请大家用三分钟的时间自由地、大声地读课文，读完一遍马上开始读第二遍。当你碰到问题的时候，可以向老师发求助信息。

（生自由读课文）

师：三分钟时间到了，但有一个小朋友还有两个自然段没有读完，请大家陪着他一起读，好吗？没读完的小朋友给大家起一个头。

生：天亮起来了——

（生齐读最后两个自然段）

师：读完课文，我们来看一看课文中的这幅图画，它画的是什么时候的景象？

生：下雷雨的时候。

（板书：雷雨时）

师：课文中的哪几个自然段是在写这幅图画的呢？

生：第 4、第 5 两个自然段。

师：请你把这两个自然段读给大家听吧。

（生大声地朗读这两个自然段）

师：我看到了补充的手势。

生：“渐渐地，渐渐地，雷声小了，雨声也小了。”第 6 自然段也是写“雷雨时”的，雨还没有停。

师：原来，第 4、第 5、第 6 自然段都在描写“雷雨时”这一幅图画。那其他的呢？我们先来读读后面的两个自然段。

（指定一名学生读课文）

师：如果我们也来给这两个自然段画一幅图画的话，你觉得是什么时候的景象？

生：雨停了的时候。

（生板书：雨停了）

师：好，我们再来看一看前面的自然段。第 1 个自然段谁来读？

生 1：满天的乌云，黑沉沉地压下来。树上的叶子一动不动，蝉一声也不出。

师：好的，没下雨吧！第 2 个自然段，你来读。

生 2：忽然一阵大风，吹得树枝乱摆。一只蜘蛛从网上垂下来，逃走了。

师：这里有一个字特别难写，是——

生（齐）：垂。

师：“垂”是一个什么样的动作？猜一猜。

（生 3 边用手比画动作边解说，做的是“捶”的动作）

师：真的是这样吗？让我们一起来看看屏幕。蜘蛛这样直直地挂下来，那根丝线还在网上，这叫“垂”。再看一看柳枝，它直直地挂下来，它的一头还长在树上呢，这叫“垂”。难怪有人把柳树叫作“垂柳”，我们之前学过一首诗《咏柳》，那里面就有一个“垂”字，那句诗是——

生：万条垂下绿丝绦。

师：“垂”是一个什么样的动作，现在你明白了吗？

（生 3 用手势比画，这次理解正确，纠正了自己原先错误的比画）

师：睁大眼睛看这个“垂”字，看一看它哪个笔画最多？

生：“横”最多，一共有四“横”。

师：请你仔细观察这几个“横”，有什么发现呢？

生 1：第二横最长，第一横最短。

生 2：下面的三横，一条稍比一条短。

师：那我们给它们排排队，第一名是——

生 3：第二横。

生 4：第二名是第三横，第三名是最底下的那一横。

生 5：第四名也就是最后一名是第一横。

师：（指着下面三横）原来是这样排下来的，一横稍比一横短。我们再看看，横与横之间的距离呢？

生：距离一样。

师：知道了这些，对我们写好这个字有很大的帮助。可是还不够，这个字要从哪里起笔呢？请你一起来帮老师找到起笔的位置。

生 6：要在竖中线开始，找到上面的中点，再往右上一点。

师（边范写边引导）：是呀，短撇来带头，短横紧跟上，长长一竖垂下来，长横躺在横中线，短短两竖垂两边，下面一横稍比一横短。

师：请你拿起笔，在田字格里认真地写一写。写完一个看看，再写一个，争取一个比一个写得好。

师：写好的同学马上把第 3 自然段读一读。

生自由朗读第 3 自然段。

师：这三个自然段如果也画一幅图画，画的是什么时候的景象？

生：雷雨前的景象。

（生板书：雷雨前）

师：这篇课文如果我们来画图画的话，就可以画三幅图画。一幅是——

生：一幅是雷雨前，一幅是雷雨时，还有一幅是雷雨后。

三、链接视频，解读语言现象

师：这节课，我们先走进“雷雨时”这幅图画。请大家默读课文第 4、第 5、第 6 自然段，画出带“雨”的句子。

生默读并画出相关句子，然后交流出示——

> 哗，哗，哗，雨下起来了。
>
> 雨越下越大。往窗外望去，树啊，房子啊，都看不清了。
>
> 渐渐地，渐渐地，雷声小了，雨声也小了。

师：请你连着读一读画线的三个句子，看看自己有什么发现。

生 1：雨越下越大。

生 2：雨越下越大之后，雨渐渐地停了。

师：原来雨有这样的变化，从小到大，越来越大，然后又变小了。我们试着用朗读来体现这种变化。

生：哗，哗，哗，雨下起来了。

师：我怎么感觉就只有一个“哗”呢？你能够让雨的变化更明显一些吗？

生：哗，哗，哗，雨下起来了。

师：谁会加上手势读？

生（加上手势）：哗，哗，哗，雨下起来了。

师：这场雨有一点变化了，让我们加上手势一起来试试。

（生加上手势齐读，读出了变化）

师：谁也会加上手势来读“雨越来越小”的句子？

生（加上手势）：渐渐地，渐渐地，雷声小了，雨声也小了。

师：有点变化。雷声小了，（用手势引导学生）轰隆隆，轰隆隆……雨声也小了，（用手势引导学生）哗哗哗，哗哗哗……让我们一起通过朗读来体现吧。

生齐读：渐渐地，渐渐地，雷声小了，雨声也小了。

师：“渐渐地，渐渐地，雷声小了”用上“越来越……”你会怎么说？

生：雷声越来越小。

师：“渐渐地，渐渐地，雨声小了”，你又会怎么说？

生：雨声越来越小。

师：画线的这三个句子连起来就把雨的变化写出来了。但课文中“雨越下越大”的后面还有一个句子“往窗外望去，树啊，房子啊，都看不清了”，我们能把这个句子去掉吗？

生：不能。这样可以让雨显得更大，树、房子都看不清了。

师：哦，通过看不清窗外的树和房子，让我们知道雨很大。

生：加上这个句子就显得更现实一点。

师：更现实一点也就是更生活一点，原来让语言走进生活，就可以让我们知道雨下得越来越大。现在老师和大家一起来读一读第 5 自然段，你们读前面的这句，老师读后面的这句，把“雨下得越来越大”的感觉读出来。

（师生合作读）

师：通过窗外的景物，让大家觉得雨下得越来越大。那么我们可不可以通过另外的景物，让人家知道雨真的下得好大好大？接下来让我们一起走进生活中的雷雨。睁大眼睛看大屏幕。

（播放雷雨视频，学生认真观看）

师：雨下得很大很大，我们可以从视频中的其他景物上看出来，比如——

生 1：地上的积水很多。

生 2：行人的衣服被打湿了。

生 3：汽车的雨刮器刮个不停。

师：让我们拿起笔，写一写“雨越下越大”。雨大到什么程度呢？我们可以选择视频中的景物，也可以选择自己心里想到的景物，把它写下来。可以写一句话，也可以写两句话。

学生认真地写句子。写完后与同伴交流，听听同伴的建议并修改。

师：现在让我们大家一起来交流一下吧。

生 1：雨越下越大，马路上的行人快淋成落汤鸡了。

生 2：雨越下越大，雨伞都快撑不住了，阿姨的头发飘了起来，衣服都湿了，好像一只落汤鸡。

师：好，通过行人来写“雨越下越大”，有没有通过其他景物来写的？

生 3：雨越下越大，地上全都是水了，好像变成了一条小河。

师：通过地上的水来写“雨越下越大”。

生 4：雨越下越大，地上出现了一个一个的水洼，汽车开过，溅起了一大片水花。

师：通过汽车溅起的水花来写“雨越下越大”。

生 5：雨越下越大，汽车的雨刮器不停地刮着，可还是看不清楚外面的景物。

师：通过汽车的雨刮器也可以写出“雨越下越大”。好，请全体同学起立，让我们有感情地把自己写的句子读出来。雨越下越大——

（生响亮地朗读自己写的句子）

师：最后，让我们回到课文，通过朗读来下一场雷雨吧。

生齐读：哗，哗，哗，雨下起来了。雨越下越大。往窗外望去，树啊，房子啊，都看不清了。渐渐地，渐渐地，雷声小了，雨声也小了。

师：这节课我们就上到这里，同学们，下节课我们再一起去欣赏雷雨前和雷雨后的情景。

专家评点

喝好阅读的“开口奶”

周一贯

《雷雨》（统编教材二年级下册第 16 课）是一篇典型的写景散文。小学低年级的语文教学以识字为重点，但也不能忽视了阅读的起步训练，以实现第一学段与第二学段语文学习的有机衔接。常言道：“万事起头难。”由此看来，让低年级学生喝好阅读的“开口奶”，无疑十分重要。

由“识字”为重点，怎样逐步进入“阅读”，正是本案的亮点所在，其可圈可点之处颇多，主要有三个方面。

一、着眼于“阅读动机”的培养

小学生进入阅读状态，要让他们喜欢阅读，关键在于要让他们有强烈的阅读动机。所谓“阅读动机”，就是直接推动人进行阅读的动因。这种动因是在阅读需要的基础上产生的。当小学生的阅读需要逐步增强时，才会产生阅读的愿望和行动，以解决那种非读不可的内心紧张状态（参见李德成主编《阅读辞典》，四川辞书出版社，1988 年）。教师从听雷雨的音频入手，唤起学生的生活回忆，接着形象地描绘“雷雨”的字形，不仅让孩子识了字，而且饶有情趣地唤起了孩子对雷雨天的生活经验。那么课文中会怎么写呢？强烈的“阅读动机”便由此产生，憋足了一读为快的劲儿。这显然为孩子进入良好的阅读状态创造了重要的心理条件。

二、着力于“阅读篇章”的起步

低年级的孩子比较习惯读读词语，或读读句子，最多读一两个语段。

现在，进一步的阅读，面对的是挺长的一个完整的篇章。如本案《雷雨》，有 8 个自然段，那就比较长了。这样的一篇课文，虽然说只是“雷雨”这件事，但它是由几个部分（意义段）组成的。那么，该是哪几个部分呢？这些部分又是怎样排列的呢？为什么要按这样的顺序排列呢？这样排列又有什么好处？……这就关系到学生要为开始认识意义段打基础。而对意义段的划分，又关系到对课文含义的解读，进而实现逻辑思维能力的初步培养。在这个关键突破处，教师巧妙地利用了插图（《雷雨》中的全页式插图），在学生读完这部分课文后，让学生讨论：“它画的是什么时候的景象？”于是大家在已经读了课文的基础上，图文对照，自然就得出了“雷雨时”（教师着重板书）的认识。这是巧妙的“重点突破”——既然学生找出了“雷雨时”这一部分，那么课文前部分写的自然就是“雷雨前”，而后部分写的当然就是“雷雨后”了。这样写雷雨的景象，有前、有中、有后，就把雷雨全过程的景象按时间顺序都写得清清楚楚了。教师在阅读中巧妙地把学生带入了对篇章认识的启蒙，无疑是精当而又巧妙的。这显然是阅读起步教学中的重要命题。

三、用心于“语用赏析”的初识

阅读教学要解决的关键步骤，无疑是：1.“课文说什么”；2.“课文怎么说”；3.“课文为什么这么说”；4.“我想对课文说”。这四个步骤虽然都很重要，但教师特别要关注的是“课文为什么这么说”和“我想对课文说”。这里“课文为什么这么说”就是对作者运用语言技巧的追问。对低年级的学生来说，阅读教学自然应该开始重视语用能力的培养。虽然本案呈现的只是第一课时，不是这篇课文的教学全程，但已经在引发学生对语言运用现象的关注，如“渐渐地，渐渐地”（重复）；“雷声小了，雨声也小了”（前后顺序）……这几处特别强调了学生在反复读中的感受。对于“一只蜘蛛从网上垂下来，逃走了”中的“垂”的用词，不仅结合了识字教学中的字形分析，而且联系了已学古诗《咏柳》的“万条垂下绿丝绦”中的“垂”，让学生真正感受到作者用词的洗练和确切。当然，对语用的赏析，重点更在第二节课，至于“我想对课文说”，是学生在阅读中获得意义认知后的感受，包括质疑和批判，一般也总是在课文读完之后，显然不全属于本节课的范畴。

2

真学：让儿童自己去经历

——四年级上册《麻雀》教学

教学设想

《麻雀》是统编教材四年级上册第五单元习作单元的第一篇课文。统编教材从三年级开始独立设置习作单元，可以说这是教材编排的一大创新。这样的编排突出了习作的重要性，强调了习作关键能力的培养。本习作单元的语文要素是：了解作者是怎样把事情写清楚的；写一件事，把事情写清楚。本习作单元就是围绕“写好一件事”这一项关键的习作能力编排的。“把事情写清楚”是写事的基本要求。

习作单元与普通的阅读单元不同，它的编排结构不同，所承载的功能也不同。习作单元的整个单元板块，都是在为学生习作铺路、架梯，聚焦于表达方法的学习。所以，本单元的教学，一定要跳出传统的习作教学思维定式，凸显习作单元的特殊性。要紧紧围绕培养学生习作能力这条主线，从精读课文到交流平台、初试身手、习作例文的学习，形成一个整体，让学生感悟方法，逐步推进。从始到终，均指向于表达方法的习得。

《麻雀》是本单元的精读课文，它是能充分体现“把事情写清楚”的典型文章，旨在通过具体的语言文字让学生感受表达的特点，学习习作方法。《麻雀》一文记叙了老麻雀在庞大的猎狗面前奋不顾身地保护小麻雀的动人故事，全文篇幅不长，但事情的起因、经过和结果交代得非常清楚。起因是猎狗攻击小麻雀，经过是老麻雀奋不顾身地拯救小麻雀，结果是猎狗被吓退了。作者观察仔细，描写传神，把看到的、听到的、想到的都写了下来，活灵活现地展现了麻雀和猎狗相遇的情形。

因此本课学习指向的是习作方法的习得，即使是在分类学习词语时，也不仅仅是为了让学生读准生字、新词，更重要的是让学生初步感受小麻雀、猎狗、老麻雀的形象。“课文围绕麻雀写了一件怎样的事情，这件事的起因、经过和结果是怎样的”，先让学生浏览课文后尝试讲述，然后再利用导图、板贴、表格，一步步推进，让每个学生都能把事情的起因、经过和结果说得更清楚。

然后聚焦“老麻雀的无畏”展开深入的学习，抓住描写老麻雀动作的句子细细品味，从“独学”到“对学”再到“群学”，展开了充分的真学过程。在集体交流、点拨引导的过程中，真正体会老麻雀无畏的情感。在调换顺序的比较阅读中，引导学生发现表达的第一个秘妙“描写是有顺序的”；通过仔细揣摩，引导学生发现表达的第二个秘妙“不仅写看到的，还写了听到的、想到的”。在“可否不写”的深入思考中，让学生更加深刻地体会到老麻雀“无畏”的强大力量。

教学实录

课前预热时，教学生不一样的举手方式——让答的手势、补充的手势、提问的手势、求关注的手势等，巧妙地为课堂展开真学做好铺垫。

一、关注篇章页，激兴导课

师（出示篇章页）：今天我们要学的课文来自第五单元，这是一个奇妙的单元。一齐读——

生：我手写我心，彩笔绘生活。

师（出示三年级学过的第五单元的篇章页）：这是三年级上学期的第五单元，以什么为主题?

生：以观察为主题。

师：三年级下学期的第五单元——

生：以想象为主题。

师：这样的单元有一个共同的名字——习作单元，它专门教我们怎样写好习作。看看我们现在要学的习作单元，要求我们做什么呢？

生：了解作者是怎样把事情写清楚的；写一件事，把事情写清楚。

师：请大家看看第五单元的学习内容，从目录看——

生：有两篇课文，有两篇习作例文，还有习作。

师：这节课我们学的就是第五单元的第一课《麻雀》，学习这一课，我们要——（引导学生看篇章页）

生：我们要了解作者是怎样把事情写清楚的。

师：一只小巧的麻雀落在一条庞大的猎狗面前，一般的结果会是？

生纷纷回答：麻雀被猎狗吃掉；麻雀会害怕；麻雀飞走了。

师：快速浏览，看看课文中又是怎样的结果。

生（读）：猎狗愣住了，它可能没料到老麻雀会有这么大的勇气，慢慢地，慢慢地向后退。我急忙唤回我的猎狗，带着它走开了。

师：课文中描写的结果和我们想的不一样，谁能简洁地说一说？

生 1：猎狗被老麻雀吓跑了。

生 2：猎狗被老麻雀吓得愣住了。

师：你愿意把哪个关键词板书在黑板上？

生 1：吓跑。

生 2：我觉得用“吓退”更好。因为猎狗是“慢慢地，慢慢地向后退”，不是跑。

师：说得真好，“吓跑”和“吓退”是有区别的，在这里用“吓退”更准确。

二、初读课文，理清脉络

师：让我们走进这个故事。首先请大家看看屏幕上呈现的词语，有什么发现？

①呆呆地 无可奈何 拍打 嘴角嫩黄 长着绒毛
②嗅了嗅 张开大嘴 锋利的牙齿 庞大
③挓挲起羽毛 绝望地尖叫着 拯救幼儿 浑身发抖 发出嘶哑的声音 准备搏斗

生：第①组是写小麻雀的，第②组是写猎狗的，第③组是写老麻雀的。

师：原来词语是按照分类的形式呈现的。现在，请女同学读第①组词，边读边想象。

（女生齐读第①组词）

师：你的眼前仿佛出现了一只怎样的小麻雀？

生纷纷回答：害怕的，弱小的，可爱的。

师：第②组词，请男同学做好准备，边读边想。

（男生齐读第②组词）

师：读着这些词，你仿佛看到了一只怎样的猎狗？

生纷纷回答：庞大的，可怕的，凶猛的。

师：请全体同学一起朗读第③组词。

（生齐读第③组词语）

师：现在我们来读整篇课文，相信就容易多了。让我们自由地、大声地朗读课文，读完后，难读的自然段还可以和同伴一起读读。

（生自由朗读课文）

师：接着请大家想一想，课文围绕麻雀写了一件怎样的事情呢？想不清楚的，再快速浏览课文，边浏览边想，自己想清楚了就说给同伴听一听。

（学生浏览课文，然后和同伴交流。教师巡视，并指导个别同学）

生1：有一个猎人打猎回来，他和猎狗在一起，猎狗看见了一只小麻雀，想要吃掉它，一只老麻雀飞下来保护小麻雀，猎狗被老麻雀的勇气吓退了。

师：他把事情基本讲清楚了，如果语言再简洁一些，就更好了。我们来试试看。

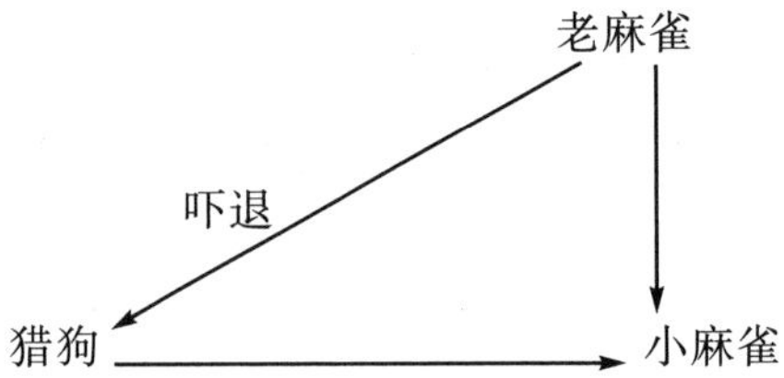

（教师利用板书和图示，引导学生）

师：首先是——

生2：猎狗想吃掉小麻雀。（生2板书“吃掉”）

师：小麻雀真的被猎狗吃掉了吗？谁来做小老师，悄悄地帮助这位同学。

（生3悄悄地指导生2，让他在“吃掉”前加上了一个“想”字）

师：接下来是——

生：老麻雀用自己的身躯保护小麻雀。

生：老麻雀用自己的生命保护小麻雀。

生：老麻雀拯救小麻雀。

（教师提示学生将自己答案的关键词写在黑板上）

师：现在请你联系图示，用简洁的话语说一说这件事。

生1：猎狗想吃小麻雀，结果被老麻雀吓退了，因为老麻雀用自己的生命保护小麻雀。

生4：猎狗想吃小麻雀，老麻雀为了保护自己的幼儿，冲下来吓退了猎狗。

师：每一件事情都是有起因、经过和结果的。（老师发现学生的板书“掉”字写错）板书“想吃掉”的同学在哪里？请刚才的“小老师”继续指导他修改。

（“小老师”在黑板前悄悄地指导同学订正，老师继续上课）

师：谁能够上来指着板书给大家讲讲起因、经过和结果？（边说边把词卡“起因”“经过”“结果”放到板书上的相应位置）

（一名学生上台拿着词卡，根据提示，把事情的起因、经过和结果讲清楚了）

师：稍微增加一点难度。不看提示，看屏幕上的表格再来说说事情的起因、经过与结果。先和同伴说一说吧！（学生纷纷说了起来）

一件事	
起因	
经过	
结果	

生：起因是“猎狗想吃掉小麻雀”，经过是“老麻雀想拯救自己的幼儿”，结果是“猎狗被老麻雀吓退了”。

师：难度一点点地增加，我们还是学得那么好！（板书上“拯救”的“拯”以拼音“zhěng”代替）请这位同学自己看看书，悄悄地上来写好“拯救”这个词。

（学生悄悄地上来修改）

师：了解了故事后，我们再来看屏幕上的第三组词，请大家放声朗读。边读边思考——你看到了一只怎样的老麻雀？

生纷纷回答：十分爱自己幼儿的；勇敢的；无畏的。

三、品读课文，读懂“无畏”

师：老麻雀的心中有一份爱，所以它这么勇敢，这么无畏。默读“经过”部分，想想课文是怎样把“老麻雀的无畏”写清楚的。首先我们得明确，读“经过”部分应读哪几个自然段？

生（齐）：第 4、第 5 自然段。

师：默读“经过”部分的第 4、第 5 自然段，画出描写老麻雀动作的句子，细细体会。等自己有了想法后，再和同伴交流分享自己的学习收获，让“我的认识”变成“我们的认识”。

（学生认真地默读、圈画，然后和同伴交流分享，教师巡视并指导）

师：接下来同伴一起举手发言，在回答时，平常不太说话的同学先说。

同伴1：“一只老麻雀从一棵树上飞下来，像一块石头似的落在猎狗面前。”这里写了老麻雀“飞下来”的动作。

同伴2：“像一块石头似的”让我感觉老麻雀是飞快地飞下来。

师：我看到了“提问”的手势，这个手势享有优先发言的权利。

生3：小小的麻雀，怎么会像一块石头呢？

师：是啊，小小的麻雀，怎么会像一块石头呢？让我们一起看一看。

（教师结合幻灯片中老麻雀飞、落的效果，给学生以直观、感性的认识）

同伴2：飞的速度很快。

师：我看到了“补充”的手势。

生：说明老麻雀想都没想，就飞下来救小麻雀。

师：“想都没想”，我们可以感受到老麻雀的反应是如此敏捷！

生：我感受到老麻雀非常坚定，没有丝毫犹豫。

师：坚定，毫不犹豫，所以力量这么大。现在让我们一起来读读这句话。

（学生朗读）

师：力量是不是可以更大一些？语速是不是可以更快一些？语气是不是可以更坚定一些？

（师生合作朗读，读出了感觉）

同伴3：“它挓挲起全身的羽毛，绝望地尖叫着。”“挓挲起全身的羽毛”是把全身的羽毛都张开了，来保护小麻雀。

师：“挓挲”在这里的意思是张开、伸开，老麻雀为了救小麻雀，把全身的羽毛都张开了。

同伴4：每一根羽毛都竖了起来，它想把小麻雀保护住。

师：“绝望”就是没有希望。老麻雀“挓挲起全身的羽毛，绝望地尖叫”，它想告诉猎狗什么？

同伴 3：你不能吃我的幼儿。

同伴 4：我很强大，你不要再靠近我们了。

生 5：我警告你，你不要再过来了。

生 6：如果你想碰我的幼儿，先过我这一关再说。

…………

生：“老麻雀用自己的身躯掩护着小麻雀，想拯救自己的幼儿。”老麻雀做着“掩护”的动作，它是用自己的生命在保护小麻雀。

生：“可是因为紧张，它浑身发抖，发出嘶哑的声音。”它“浑身发抖”，但它还是要用自己的生命来保护小麻雀。

四、比较阅读，发现秘密

师：我们把描写老麻雀动作的句子都找出来了，这些句子可以调换顺序吗？课件出示：

①突然，一只老麻雀从一棵树上飞下来，像一块石头似的落在猎狗面前。

②它挓挲起全身的羽毛，绝望地尖叫着。

③老麻雀用自己的身躯掩护着小麻雀，想拯救自己的幼儿。

④它准备着一场搏斗，可是因为紧张，它浑身发抖，发出嘶哑的声音。

生：不能调换，如果进行调换，句子前后不通顺，动作就不连贯了。

师：动作是连贯着的，谁能具体地说一说？

生：比如第③句和第④句，“它准备着一场搏斗，可是因为紧张，它浑身发抖，发出嘶哑的声音。”难道是因为老麻雀先准备一场搏斗，才飞下来的吗？

师：原来动作描写是有顺序的，如果老麻雀没有飞下来，而是继续留在树上……

生：作者看不到老麻雀的动作，而且如果老麻雀停在树上做这些动作，是没有用的。

师：说得真好，这些动作都是作者看到的，那么课文除了描写看到的，还写了什么呢？

生：听到的。从“绝望地尖叫着”“发出嘶哑的声音”可以看出来。

师：作者通过老麻雀的声音听到了它的心声。作者是“边看边想”“边听边想”，他看到“一只老麻雀从一棵树上飞下来”，他想到了——

生：老麻雀像一块石头似的落在猎狗面前。

师：他看到“老麻雀用自己的身躯掩护着小麻雀”，想到了——

生：老麻雀想拯救自己的幼儿。

师：他听到老麻雀“发出嘶哑的声音”，想到了——

生：老麻雀准备着一场搏斗。

师：作者通过看到的、听到的、想到的，把老麻雀的“无畏”写清楚了。那课文为什么还要写这样一段话呢？请大家边读边想。

课件出示：

> 在它看来，猎狗是个多么庞大的怪物啊！可是它不能安然地站在高高的没有危险的树枝上，一种强大的力量使它飞了下来。

生：这段话写的是作者的想法，是作者的感受。

生：它强调了老麻雀对小麻雀的爱。

生：它让我们知道老麻雀对小麻雀的爱是一种强大的力量。

师：这种强大的力量把猎狗吓退了，把作者感动了。

课件出示：

> 我急忙唤回我的猎狗，带着它走开了。

师：我看到了两个“提问”的手势。

生 1：猎人为什么要拉开猎狗？如果不拉开又会发生什么？

生 2：老麻雀面对凶猛的猎狗，为什么会如此勇敢，甚至不顾生死？

师：勇敢地提出自己的问题，这是最好的学习。不急着回答，下节课，我们先去看看那只可怜的小麻雀，去看看那只凶猛的猎狗，看看作者是怎么把它们写清楚、写具体的，然后再来深入思考两位同学提出的问题，相信我们的辨读会更深刻。

五、小结延伸，学写生字

师：刚刚咱们学的是课文的经过部分，俄国作家屠格涅夫通过看到的、听到的、想到的，把事情的经过写清楚，写具体了。老麻雀为了掩护小麻雀，随时准备着一场搏斗，一起来看看这节课我们要掌握的三个字，想想这三个字在写法上有什么相同和不同的地方？（出示“掩”“护”“搏”）

生：它们都是提手旁。

生：它们都是左右结构。

师：在写法上，提手旁的字要注意？

生：左窄右宽。

…………

师：你觉得哪个字最难写？

生：“搏”字。

（老师进行示范书写后，学生练习写字，老师巡视指导，及时点评，提醒要一个比一个写得好）

师：写着这三个字，老麻雀的无畏也深深地印在了我们的心上。《麻雀》选自屠格涅夫的《猎人笔记》，如果你对他的文字感兴趣，那么课后可以去读读这本书；如果你对“麻雀的心”深有感触，那么课后可以接着阅读林清玄的文章《麻雀的心》。走出课堂延伸阅读，相信你会有更大的收获。

专家评点

让阅读过程真实地在儿童身上“落点”

周一贯

语文课改的当下热点话题是必须革新学生的学习形态。这是因为传统语文教学的传承负担太重，教师以讲述课文情节为主线的占时太多，学生的自主阅读过程反而被严重地边缘化。这样的“注入式”往往是“注”则过度，“入”则未必。因为鲜活的阅读活动其实并没有发生于儿童身上。本案的可贵之处是阅读过程真实地落点在儿童身上，从而改变了阅读方式。

学习方式的转换是语文课改中的一件大事。采用什么方式，往往是教师教学理念的具体体现。把语文教学称为教师的讲授与学生的接受过程，由来久矣！中国语文有着“文”“言”分家的漫长历史，在学生基本不懂的情况下，加上“师道尊严”的以“我”为中心，语文教学之讲风太盛由来已久。要改变这种历史沉疴，谈何容易。这就是直到今天，要真正落实“以童为本”“以学为重”，确立一种相应的新的学习方式，仍然举步维艰的缘由所在。那么，本案的教学，是如何让阅读过程真实地在儿童身上落点，展示“童真语文”的本色本香呢？这值得我们去细细琢磨。

一、初读课文，读通课文，让儿童去完成

在阅读教学中，初读课文、读通课文是十分重要的基本阅读能力。为此，教师在解题、介绍作者或时代背景、生字和新词教学、分段讲述等方面，会花上很多时间。其实，教师的这些“教”，可不可以让学生在自己读的过程中由学生来完成？结论是完全可以的。本案的做法是教师只需在疑难处稍做点拨，其他让学生自己在多读的过程中实现。如引导学生读单元篇章页，

明确本课教学的主旨；读三组词语，补一补因生字、新词可能带来的自读障碍，并扩充词语的储蓄量；以“读通课文”发挥同伴的帮助作用，一起扫除阅读障碍。这是对初读并读通课文教学形式的改变，即放手让学生自己读通，教师只稍做点拨。这一改变极具启发意义，说明学生自己可以在教师指导下读通课文，完全不必由教师来分段讲读，徒费时间。这是因为阅读白话文，文本就是明白如话的。教师生怕学生不懂，徒费口舌又讲又问，不但没有必要，反而剥夺了学生自读的那份自由和快乐。

二、针对目标，梳理文字，让儿童去运作

儿童的阅读朝着什么方向走，是阅读的定向问题，自然十分重要。在本案中，教师通过抓单元篇章页的导学提示，凸显“把一件事写清楚”，由此带动学生自己去梳理文字。真实的学习需要展开充分的学习过程，这里的关键在于提供了重要的学习工具：一是课文结构的思维导图，二是课文内容的提纲表格。这两者在帮助学生独立完成以阅读目标为方向的文本梳理方面起了至关重要的作用。教师没有对课文内容做无意义的分析，而是把点拨帮助化为提供自学工具（思维导图和表格提纲），让学生既能借助工具自己解读课文，又多了对有效运用学习方法的实践体验，这显然又体现了学习方式的一种改变。以此为抓手，可以让学生自己去阅读运作，这是改变学习方式的另一种成效。

三、品读课文，读懂“无畏”，让儿童去体验

猎狗、小麻雀、老麻雀这组矛盾，无疑是学生读懂课文的一个“关键圈”，而在这个“关键圈”中，老麻雀的“勇敢无畏”是其中的“硬核”。如何让学生抓住这个“硬核”去体验，正是这节课的重点所在。教师还是紧扣“把一件事写清楚”这一中心目标，运用初读课文时出现的第③组词语（挓挲起羽毛、绝望地尖叫着、拯救幼儿、浑身发抖、发出嘶哑的声音、准备搏斗）

让学生细读品赏。

在学习的过程中，教师特别重视在充分独学的基础上让学生展开“同伴对学”，让每一个学生都拥有真实的学习机会。无论是学生“对学”和“对学”后的汇报，学生以拼音代汉字处的补写文字等现场生成性的指导，还是坚持将“品读”过程发生在儿童的自主阅读之中，学习都让学生自己去经历。品读总是在课文的重点处，按传统的学习方式，这里必定是教师要大讲特讲、充分发挥的地方。现在看来，在教师的启发帮助下，学生也是可以自己读懂的。学生“自己读懂”与“听懂”的效果是大不一样的。自己读懂，学生有怎么从“不懂”到“懂”的实践体验，这是阅读经验的真切积累；“听懂”往往还是只停留在“懂”的皮毛上。怎样“懂”的经验是要靠学生自己在实践中去获得的。这说明即使是对课文重点部分的品读，也不必老师讲析，可以让学生自主阅读来实现。

四、聚焦疑点，深度阅读，让儿童去思辨

本课的教学为两教时，在学生初读课文、读通课文、重点品读之后，季老师安排了一个“延学（辨读延伸）”的环节，准备在第二课时深度推进。辨读的焦点问题来自学生：深入讨论老麻雀面对凶猛的猎狗，为什么会如此勇敢，不顾生死？而猎人又为什么要拉开猎狗？如果不拉开又会发生什么？显然，这样的辨读具有挑战大脑、发展思维的深度学习功能。猎狗后退，只是因老麻雀“不顾一切的无畏”而一时愣住了，并不是因为它真的怕老麻雀。如果猎人不拉开猎狗，后果必然是猎狗把老麻雀、小麻雀全咬了。另一方面，猎人拉开猎狗，也体现了对老麻雀“爱子”的强大亲情之敬佩而加以由衷的保护。显然，老麻雀的行动不仅一下子镇住了猎狗，而且也深深地感动了作者和读者。第二课时启发学生对此做思考、辨析，应当会有广阔的思维空间。当然这正是改变学习方式的关键所在，因为思辨式的阅读才是高阶的阅读。

3

尝试探究，让阅读策略的学习过程化

——五年级上册《冀中的地道战》教学

教学设想

阅读策略单元是统编教材编排中的又一个特殊单元，从三年级上册开始编排，每个年级一个单元，分别安排了预测、提问、有速度地阅读、有目的地阅读这几个阅读策略。《冀中的地道战》是五年级上册第二单元的课文，这一单元就是阅读策略单元，主要学习提高阅读速度的方法。

《冀中的地道战》是本单元的最后一课，主要介绍了冀中军民如何利用地道战粉碎敌人的大扫荡。在这一课的前面，学生已经学过 3 个提高阅读速度的方法。分别是“集中注意力，不停顿，不回读”“连词成句地读”“借助关键词句读”。这一课学的提高阅读速度的新方法是“带着问题读”。对“问题”，五年级的孩子并不陌生，因为他们在四年级时已经在阅读策略单元学习过提问的方法。而且在前面一课《什么比猎豹的速度更快》的学习中也已经有了铺垫：“提出自己感兴趣的或不懂的问题，带着问题再读课文，和同学讨论。”《冀中的地道战》这一课既要学习新的提高阅读速度的方法，更要综合运用前面所学的方法，准确、快速地理解课文内容。

带着问题读，问题从哪里来？从课题中来，从课文中来。问题怎么来？由儿童自己提出来。第一次带着问题尝试速读，问题是从课题中来的。此时儿童提出的问题相对比较粗浅，比较集中。儿童带着问题，用较快的速度默读课文，对课文相关内容有了一定的了解，阅读速度也会加快。但同时需提醒学生：不是一味地求快，不是谁默读得最快就最好。第二次带着问题实践速读，问题从课文中来。从儿童独立提出问题，到小组合作梳理问题，再到教师引导归类问题，让儿童带着与理解课文内容有关的问题展开第二次速读，速读后交流问题的答案，看看速读的效果。在学习新方法的同时，不忘巩固老方法，通过学习伙伴的提示，对课文的相关内容进行梳理。速读的学习效果怎么样，围绕“地道的设计巧妙”展开思维导图式的回顾梳理，让课文内容理解真正落到实处。

我们通过《冀中的地道战》来学习“带着问题读”的方法，但同时我们也要认识到，这是一篇红色经典作品。在课文学习的过程中捕捉关键信息，并补充相关资料，加深学生的学习体验，自然落实革命传统文化的传承。

课堂实录

一、由旧入新，尝试提出问题

师：我们刚刚在学的第二单元是——

生：阅读策略单元“阅读要有一定的速度”。

师：这一单元，要学习提高阅读速度的方法。我们来回顾一下已经学过的方法。

生1：集中注意力，不回读；

生2：连词成句地读；

生3：借助关键词句读。

师：今天，我们再来学习一个新的提高阅读速度的方法，请大家自己读读提示语。

生：带着问题，用较快的速度默读课文，记下所用的时间。

师：这个方法用简单的话来说——

生：带着问题读。

师：这个新方法我们将在课文《冀中的地道战》中展开学习。跟老师一起读读课题——冀中的地道战。

生（齐）：冀中的地道战

师：带着问题读，问题从哪里来呢？请你看看课题，你产生了什么疑问？

生 1：地道是什么样子的？

生 2：在地道里怎么打仗呢？

生 3：为什么会发生地道战呢？

（现场请学生把问题写在“问题条”上，集中呈现在黑板上）

二、尝试速读，感知课文内容

师：请大家带着 1 ～ 3 个问题，用较快的速度默读课文，记下所用的时间。

（屏幕上启动计时秒表，学生带着问题开始快速默读）

师（提醒）：不是说读得最快就是好，你在加快阅读速度的同时也要了解课文的内容。

师：如果你和同伴都已经完成了快速默读任务，你可以选择自己最感兴趣的 1 个问题和同伴交流交流。还没读完的继续读。

（已经完成默读的学生认真地与同伴交流）

生 1：我最感兴趣的问题是为什么会发生地道战呢？我的答案是“为了粉碎敌人的‘扫荡’”。

师：为了粉碎敌人的“扫荡”，所以——

生 1：所以要进行地道战。

师：谁还有补充？

生 2：是日本侵略军想搞垮我们人民的武装。

师：你能不能说得更完整些？

生 2：日本侵略军在冀中平原上“大扫荡”，还修筑了封锁沟和封锁墙，十里一碉，八里一堡，想搞垮我们的人民武装。

师：加上了她的补充，我们对这个问题就了解得更清楚了。当时“敌强我弱”，为了“以弱胜强”，粉碎敌人的“大扫荡”，冀中人民在中国共产党的领导下，创造了“地道战”这种新的斗争方式。

生 3：地道是什么样子的？地道挖在广阔平原的地底下，不计其数，横的，竖的，直的，弯的，家家相连，村村相通。

师：这是地道的总体构造。谁还有补充？

生 4：地道里每隔一段距离就有一个大洞，大洞四壁又挖了许多小洞。

师：你说的是地道内部的构造，地道里有大洞，还有许多小洞。

生 5：洞里有通到地面的气孔。

生 6：地道的出口开在隐蔽的地方，外面堆满荆棘。

（出示作业本作业：我知道地道由____________、____________、____________、____________等组成。看到这样的构造，我想说：__________________________________。）

生 7：地道是由大洞、小洞、气孔、出口组成的。看到这样的构造，我忍不住想说：冀中人民真是有智慧。

师：还有一个问题“在地道里怎么打仗呢”？我们是读了课文后再来回答呢，还是现在回答？

生（齐）：等读过课文后再回答。

师：好，这个问题先放一放。刚才的问题从课题中来，现在我们和学习伙伴（小女孩）一起来小结一下学习方法。“看到课文题目，我产生了疑问：地道是什么样的？在地道里怎么打仗呢？带着这些问题读，我对课文内容理解得更快了，阅读的速度也快了”。你也有这样的体会吗？

生 1：我也是这样的，因为急着去找问题的答案，阅读速度自然就加快了。

生 2：看到课文题目，我产生的问题还有另外一个“为什么会发生地道战呢”？我在第 1、第 2 自然段就找到了问题的答案，阅读速度自然就快了。

三、再次实践，理解课文内容

师：带着问题读，问题还可以从课文中来。请大家快速浏览课文，边浏览边思考，把自己感兴趣的一个问题写在“问题纸”上。

（学生快速浏览，每个学生在“问题纸”上写下自己提出的问题）

师：请大家在小组内交流自己提出的新问题，平常不太发言的先交流。然后大家一起梳理问题：有的问题不妨碍课文的学习，可以先忽略；有的问题需要到课后找资料解答，可以放一放。我们把有助于课文理解的最有价值的一个问题留下来，写在“问题条”上，粘贴到黑板上。

（四人小组梳理问题，小组长负责书写问题）

师：小组长在书写问题，其他小组成员呢，讨论一下余下的几个问题。

（小组长书写问题，其他成员讨论余下的问题。小组长写完问题后，将“问题条”粘贴到黑板上）

问题罗列如下：

①人们是怎么抵挡敌人的进攻的？

②如果日本鬼子进了地道怎么办？

③地道里都有什么抵抗敌人的方法？

④敌人是用什么法子来对付地道的？

⑤地道的出口和入口不会被敌人发现吗？

⑥地道是在地底下挖的，那地面上的庄稼长不好怎么办？

⑦人们在地道里是怎么生活的呢？

⑧为什么敌人想遍了破坏地道的方法但都不成功？

⑨人们怎么知道哪个是“死道”，哪个是“活道”？

师：现在，我们一起来梳理一下。请大家先看看第⑨个问题。

生：我认为这个问题没有价值，地道是人们设计并挖掘的，自然知道哪个是“死道”，哪个是“活道”。

师：有道理。那大家再看第①～④的问题，这几个问题我们先放一放，解决完前面留下来的那个问题“地道里是怎么打仗的呢”，我们再来看这四个小问题。通过这样的梳理，现在留下的还有下面这几个问题：

★在地道里怎么打仗呢？

⑤地道的出口和入口不会被敌人发现吗？

⑥地道是在地底下挖的，那地面上的庄稼长不好怎么办？

⑦人们在地道里是怎么生活的呢？

⑧为什么敌人想遍了破坏地道的方法但都不成功？

师：请大家带着 2 ～ 4 个新问题，用较快的速度默读课文，记下所用的时间。带★的问题必选，其他问题请自由选择。

（屏幕上再次启动计时秒表，学生带着新问题开始快速默读）

师：如果你和同伴都已经完成了快速默读任务，你可以选择自己最想解决的 1 个问题和同伴交流交流。还没读完的继续读。

（已经完成默读的学生认真与同伴交流）

师：我看大家的默读速度比较快，那我们就要开始群学，看看快速默读的效果如何。发言超过两次的同学请用“让答”的手势，没有发过言的同学可以给季老师“发信息”。

生 3：我最想解答的问题是“在地道里怎么打仗”？在地道里，离出口不远的地方挖几个特别坚固的洞，民兵拿着武器在洞里警戒。

师：这是一个，有“警戒洞”，可以随时发现敌人。

生 1：然后在拐弯的地方挖一些岔道，叫“迷惑洞”。敌人万一进来了，分不清哪条是死道，哪条是活道。进了死道，就有地雷埋在那儿等着他们；就算进了活道，他们也过不了关口。

师：这位同学在回答问题的时候，直接把书上的相关语句读了出来。我们在学习的时候，如果能把书中的语句转化为自己的语言来回答问题，学习就更有效了。你再来试试看。

生 1：地道里有“迷惑洞”，“迷惑洞”里有“死道”和“活道”，不管敌人进了哪个，他们都没有好下场。

师：好，就这样用自己的语言来回答问题。谁还有补充?

生 2：出口旁边挖有“陷坑”，敌人一踏上去就会陷下去送命。

生 3：地道里有“孑口”，“孑口”很狭小，很容易守住。

生 4：敌人来火攻，洞口准备着沙和土，用来灭火。

生 5：如果敌人用毒气攻，就放下吊板挡住毒气。

生 6：如果敌人来水攻，就把水引到枯井暗沟去。

生 7：不管敌人想出什么毒辣的法子，我们都不怕，大不了我们转移到别的村庄去。

师：现在请你和同伴一起试着把大家刚才的发言梳理整合一下，有条理地来回答“地道里是怎么打仗的”这个问题。

（学生和同伴一起梳理整合发言内容）

师：现在，哪组同伴能够有条理地把“地道里是怎么打仗的”这个问题回答清楚?

同伴 1：敌人想要进入地道，地道隐蔽的出口旁有陷阱等着他。敌人想要偷袭成功也不太可能，地道里离出口不远的地方有警戒洞，拐弯的地方有迷惑洞，敌人分不清“死道”和“活道”，死道有地雷等着，活道有孑口设置。

同伴 2：如果敌人来火攻，我们就用准备着的土和沙来灭火；如果敌人放毒气，我们就放下吊板挡住毒气；如果敌人来水攻，水就流到与地道相连的枯井暗沟去了。敌人用什么毒辣的法子，我们都不怕，大不了通过地道转移到旁的村子里去。还有，还没等敌人到来，我们就通过“无线电”和“有线电”的方式了解了敌情，做好了充分的准备。

师：同伴两人说得很有条理。现在让我们回过去看看刚刚留着的那四个小问题：①人们是怎么抵挡敌人的进攻的？②如果日本鬼子进了地道怎么办？③地道里都有什么抵抗敌人的方法？④敌人是用什么法子来对付地道的？

生：我们在解答“在地道里怎么打仗”这个问题的时候，已经把这几个小问题都解决了。

师：原来有价值的问题就是这样的——能够把小问题都包含进去。我们接着交流其他问题。

生1：我来回答第⑥个问题，地道离地有三四尺，不会影响庄稼的生长。

师：实际上这个问题很简单，课文里写得明明白白。还有哪一个问题也可以直接找到答案？

生2：第⑤个问题，地道的出口和入口都在隐蔽的地方，不会被发现。

师：这两个问题可以直接在课文里找到现成的答案，比较简单，不需要展开深入的学习。

生3：我来回答“人们在地道里是怎么生活的”。洞里经常准备着开水、干粮、被子、灯火，在里面住几天不成问题。洞里还有通到地面的气孔，从气孔里还能漏下光线来。人藏在洞里，既不气闷，又不嫌暗。有的老太太还把纺车搬进来纺线呢。

生4：我有补充。地道里有大洞、小洞，里面比较空旷，设施比较齐全，人们在地道里生活几天完全没有问题。

师：现在还留下一个问题——为什么敌人想遍了破坏地道的方法但都不成功？

生5：因为冀中人们的智慧无穷无尽。

生6：因为冀中人们想出了许多妙法来防备。

师：大家都用比较概括的语言来回答这个问题，别急，等会儿我们会了解得更清楚。现在让我们一起来看看学习小伙伴的提醒：“读到‘人在地道里怎么能了解地面上的情况呢’，我就知道这段话要讲什么，所以我读得很快。”你知道，这段话要讲什么吗？

生：我知道这段话要讲的是如何了解地面的情况，就是联系的方式“有线电”和“无线电”。

师：原来学习小伙伴读到了关键的词句，所以就读得更快了。现在请你比较一下你两次快速默读的时间，是快了呢还是慢了？原因在哪里？或者说经验在哪里？

生1：我第二次读得更快了，因为第二次的时候，我也关注到了关键词句，比如说第3自然段，我读到“说起地道战，简直是个奇迹”，我就知道这个自然段要讲的具体内容。

生2：我也是读得更快了，因为课文中有些问题，我已经知道了答案，所以读起来就快了。

师：速读的时间在变化，实际上里面是包含着经验的。

生3：第二次比第一次读得快，我连续不断地读，碰到不会的字词就先跳过去，不回读。

生4：我第二次也比第一次快了，因为我第一次读的时候已经了解了每段的大概意思，所以第二次读起来就快了。

生5：我也是第二次读得更快了，因为我掌握了更多快速阅读的方法。

师：真要为大家鼓掌。掌握了更多速读的方法，所以读得也就更快了，这就是速读方法的综合运用。

四、拓展延伸，传承红色基因

师：同学们，敌人想遍了破坏地道的方法也不能成功，其中一个很重要的原因是地道的设计非常巧妙，让我们一起利用导图来梳理一下。

生（纷纷回答）：地道与枯井、暗沟相连，对付水攻；放下吊板，挡住毒气攻；民兵在“警戒洞”警戒；“迷惑洞”迷惑敌人，等等。

师：地道的设计非常巧妙，难怪敌人想遍了破坏地道的方法也不能成功。地道的设计非常巧妙，这也是地道战取得胜利的其中一个原因。通过下节课的学习，我们会知道更多的原因。

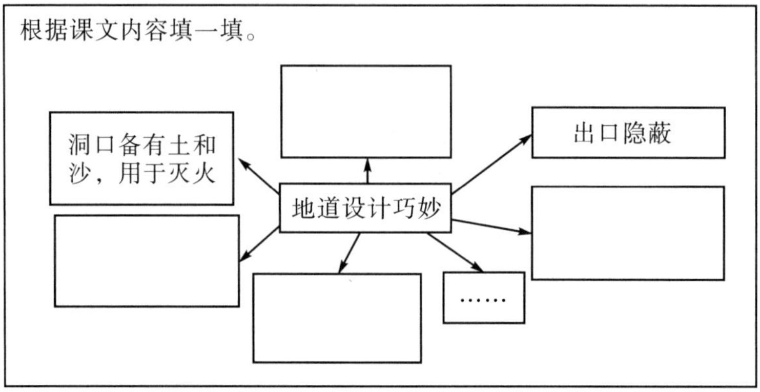

（课件出示电影《地道战》的主题曲）

师：现在请你用较快的速度默读屏幕上的文字，捕捉关键信息。

生 1：我反复看到的词句是“全民皆兵，全民参战”。

生 2：我看到的是“把侵略者彻底消灭完”。

师（哼唱）：“地道战嘿地道战……”这是一首歌的歌词，是电影《地道战》的主题曲，我们一起去感受一下“地道战”这个奇迹。

（聆听主题曲，观看电影《地道战》片段，学生看得很是激动）

师：“全民皆兵，全民参战，把侵略者彻底消灭完。”这就是地道战的伟大奇迹！下节课我们继续去感受“地道战”这个伟大的奇迹，继续去学习“带着问题读”这个方法。

专家评点

让学生把握“速读”的要诀

周一贯

快速阅读是一种阅读方法，它不是指泛泛地浏览，而是在注意力高度集中下的以获取有价值的信息为目的的一种积极的、创造性的读解过程。

强调提高阅读速度，关键在于能很快地从浩瀚的信息中筛选出自己需要的东西，从而能快速把握文本的阅读价值。所以速读不仅能起信息检索的作用，而且通常也是精读的一种必要的辅助方法。因此，提高阅读速度必须列入提升阅读能力的单元训练重点项目，在这一方面，本案的操作亮点在于具体凸显了如何让学生把握速读的要诀。

一是“大处着眼”。要提高学生的阅读速度，必须让学生了解课文总的在讲什么。这样可以为阅读起定向、定位的作用。在本案中教师根据课文编排的特点，集中运用了“借助课文提示语，并作为阅读的主问题来‘带着问题读’”。因为有了明确的阅读方向，自然就可以有助于阅读理解，从而提高阅读速度。其实，许多课文虽不一定有提示语，但学生从单元编排定位中，课后习题中，乃至课题中，都可以悟得课文主要讲什么。

二是“细处着手”。“人处着眼”虽有助于提高学生的阅读速度，但这只是在“定向”的层面上。至于课文的内涵，头绪会更多、更细。从“细处着手”，方能进一步，从阅读的展开过程抓住要领，不因误解、误导而放缓了阅读速度。本案集中表现了教师让学生以提问题的方式把课文内容细化，又将问题分层解决的步骤分出难易，定序先后，再区别对待，先易后难地解决，从而在提高阅读速度的同时也提升了阅读质量。

三是“深处着力”。在本课的所有问题中必须深入思考的是“地道战取得成功的关键是什么”，这关系到对“劳动人民大众是最具有创造力的英雄群体”的认知；他们抵御日寇侵略的战争是基于深刻的家国情怀的反侵略的正义战争；只有在中国共产党的领导下，才能依靠人民大众，领导、组织人民大众而无往不胜，创造出人间奇迹……所有这些认知，都必须通过师生合作的“深处着力”，方能达到这样的教育要求。当然，这主要应在第二课时去深入达成。但无疑这将是检验速读是否有效的根本所在。可以预见，因为之前的有效推进，最后的成功也必然会瓜熟蒂落、水到渠成。

4

传承习俗文化，落实语文要素

——六年级下册《北京的春节》教学

教学设想

六年级下册的教材编排特别重视中华优秀传统文化的传承，除了安排常规的“古诗三首”和文言文学习，还在综合性学习之后，选编了十首古诗词。这还不够，本册教材第一单元安排的是“民风民俗”的主题单元。《北京的春节》是这一单元的第一篇精读课文。本单元的语文要素是“分清内容的主次，体会作者是如何详写主要部分的”。本单元的习作话题是“家乡的风俗”，紧密结合了本单元的人文主题。

我国有很多传统的节日，如春节、元宵、清明、端午、中秋，等等，这些节日都有着深厚的文化内涵和独特的习俗，在三年级下册就安排有专门的“中华传统节日”的综合性学习。其中，春节无疑是我国民间最隆重、最热闹的传统节日。《北京的春节》是老舍先生 1951 年创作的一篇散文，选作课文时有改动。老舍先生用充满京味儿的语言，用朴素自然的笔调，按照时间顺序，为我们描绘了一幅老北京春节的民风民俗画卷。老舍先生指出：“要把语言写好，不只是‘说什么’的问题，而也是‘怎么说’的问题。……‘怎么说’就表现了个人的风格与语言创造力。”那么，“北京的春节”老舍先生又是怎么说的呢？课文篇幅较长，一共有 14 个自然段，按照时间顺序将老北京的春节习俗娓娓道来，内容丰富，时间跨度长，从腊月初旬开始，到正月十九结束。文章内容安排有序，详略得当：选择最能体现北京春节习俗的“腊八”“腊月二十三”“除夕”“初一”“元宵”

这几天展开具体描写，而春节期间的其他日子，作者仅用精练的语言略写。

老舍先生的语言朴素自然，京味儿十足，让人读来感觉十分亲切且不乏情趣。特别值得一提的是，老舍先生还十分重视对孩子们过春节的描写。当我们把这些描写找出来集中体会的时候，便更增添了几分情趣。就像老舍先生自己说的那样，有的人的普通语言不是泛泛地写出来的，而是用很深的思想、感情写出来的，是从心里掏出来的，所以就写得好。

学习这篇课文，我在学生初读感知的基础上，更多地采用了比较阅读的方法。我们要学会分清内容的主次，体会作者是如何详写主要部分的，更重要的是我们还要从“北京的春节”走向本地的春节。比较就在学习的过程中有序推进。等学完《北京的春节》，学生联系生活，迁移运用，也能够提笔完成诸如《绍兴的春节》这样的文章。“阅读链接”是选自斯妤的《除夕》的片段，呈现的是闽南老家过春节时除夕那天的盛况。至此，便可以展开《北京的春节》与《除夕》的比较阅读。这样的比较阅读，更可以帮助学生写好“家乡的春节”这篇文章。

教学设计

【教学目标】

1. 通过初读课文，读准多音字，填准动词，初步了解北京春节要做的那些事。根据学情选择难写的字词展开学习。通过浏览课文，找出表示时间的重点词语，揣摩文章的表达顺序。

2. 通过自主学习课文，独立填表，在集体交流中深入了解北京春节的习俗。通过联系生活，合作填表，在同伴互助中了解本地春节的风俗习惯。

3. 通过深读课文，分清内容的主次，体会详写、略写的好处，体悟蕴含在语言文字中的情感，理解并传承节日习俗中的优秀传统文化。运用“阅读链接”展开比较阅读，联系生活，试着迁移运用，丰富对习俗文化内涵的体验。

【课时安排】

2 课时

【教学流程】

第一课时

一、关注篇章页，激兴导入新课

1. 学习篇章页，明确任务。

阅读篇章页，说说自己了解到了什么。

在交流中理解“百里不同风，千里不同俗”这一民间谚语，了解插图的妙处，明确本单元的语文要素。

2. 激发兴趣，比较揭题。

聊聊自己是怎么过春节的，并把关键的词语（或重要时间、或重要事件）在黑板的一侧板书。在大家交流家乡春节的基础上走进《北京的春节》。

【设计意图】这是新学期第一单元“民风民俗”的第一篇课文，新单元开始，首先引导学生关注单元篇章页，梳理人文要素和语文要素，明确学习任务。让学生对本单元“民风民俗”的学习有一个整体的认识，做到有的放矢。学生刚刚过完春节回校上课，先来聊聊自己过春节的事情，自然兴趣盎然。在这样的基础上导入课题，巧妙地为后面的比较学习打下了良好的基础。

二、初读课文，巧妙梳理脉络

1. 初读课文，读通课文。

自由、大声地读课文，争取读准字音，读通课文。

引导读准多音字：间断　铺户　正月　掺和　分外　万象更新

同伴讨论填动词：

(　　)腊八粥　(　　)腊八蒜　(　　)杂拌儿

(　　)鞭炮　(　　)年菜　(　　)对联

(　　)庙会　(　　)灯笼

学生互相提醒难写的字词，如“醋”“戚”等，并展开书写练习。

2. 浏览课文，理清脉络。

直击首段尾段，了解始末。指名读课文第1自然段，了解春节开始的时间。指名读课文最后一个自然段，知晓春节结束的时间。

浏览课文，画出春节经历的几个时间段。交流梳理，按顺序排列这几个时间段，揣摩文章的写作顺序。

腊月初旬—腊月二十三—过了二十三—除夕—正月初一—正月初六—元宵—正月十九

【设计意图】初读课文时，通过字词教学引导学生读准易错的多音字，扫除阅读障碍。填写动词的环节一举多得，既让学生明确动词运用的准确性，又自然地让学生了解人们在春节要做的这些事，为后面的学习做好充分的准备。抓住文章的首段尾段，让学生自然地了解春节开始、结束的时间，在这样的基础上，再去浏览课文，搜索春节期间经历的另外时间段，便顺理成章。完成这样的搜索和排列，文章的写作顺序也就显而易见了。

三、再读课文，自主了解习俗

1. 默读课文，了解北京的春节。（可联系刚才填准动词的那些事情）

时间	风俗习惯
腊月初旬	
腊月二十三	
过了二十三	
除夕	

续表

时间	风俗习惯
正月初一	
正月初六	
元宵	
正月十九	

学生在读课文中独立完成表格填写，了解北京人过春节的风俗习惯。

根据表格，同桌互相说说：北京人是怎么过春节的？

2. 联系生活，了解本地的春节。

联系本课开始时的谈话内容“本地的春节”，以及黑板一侧的板书，同桌一起合作填写表格。

时间	风俗习惯

小组内展开交流，了解本地过春节的风俗习惯。在老师的帮助下，把表格内容填写完整。

【设计意图】通过填表的方式，让学生从课文语言文字中捕捉关键信息，了解北京春节的习俗。这样的梳理由学生自己完成，让北京春节的习俗文化一目了然。更值得一提的是，这样的梳理方便迁移，当学生联系自己当地春节的风俗习惯，结合课文开始时的板书，又会形成一张新的表格。这两张表格比较好地体现了习俗文化的传承，从北京的春节到本地的春节，让学生的学习贴近真实的生活。

第二课时

一、深读课文，用心感悟写法

1. 快速默读，分清主次。

快速默读，边读边想：哪些部分是课文的主要部分？

2. 选择学习，体会写法。

选择其中一个主要部分仔细品读，体会作者是如何将这一部分写具体的。

在与同伴交流的基础上，展开集体分享，引导学生进一步体会写法。

3. 分清详略，领悟好处。

再出示第一课时已填写完整的“北京的春节”的表格，后面加上一栏“详略安排”，继续填写。讨论文章哪些部分写得详细，哪些部分写得简略，说说这样写有什么好处。

【设计意图】“分清内容的主次，体会作者是如何详写主要内容的”，这是本单元的语文要素。落实语文要素的关键，是要让学生自己经历真实的学习过程，在快速默读中分清内容的主次，在有选择的深入品读中体会写法，在有引导的交流分享中丰富认识。利用原先完成的“北京的春节”的表格，由学生自主完成“详略安排”的填写，在讨论中进一步明确这样写的好处。

二、聚焦孩子，自由体悟情感

1. 跳读课文，找出内容。

请大家跳读课文，找出描写小孩子过春节的相关句子。

2. 集中呈现，体会特点。

静心默读这些句子，体会其中的特点。（情感特点、语言特点）

再找找文中具有“京味儿”语言特点的句子。

读读这些句子，感受“京味儿”的语言特点。

3. 静心思考，体悟情感。

如果课文只写这些内容，行不行？如果课文不写这些内容，感觉怎么样？

【设计意图】从孩子的视角看孩子过春节，这是孩子特别感兴趣的学习任务。当所有这些描写孩子过春节的语句集中在一起时，便具有了更强的情感冲击力。除了快乐，还是快乐！朗读这些句子，还会自然感受到“京味儿”的语言特点。找出课文中这样的句子集中朗读，这种感受便会更加强烈。在“只写这些内容”与“不写这些内容”的讨论中，深入体悟情感，进一步明确这些内容存在的价值。

三、拓展延伸，自然传承文化

1. 链接材料，比较阅读。

阅读舒乙的《北京的春节》片段，思考并交流：同样是写北京的春节，两者在写法上有什么区别呢？

阅读课后斯妤的《除夕》片段，思考并交流：北京的春节习俗与闽南的春节习俗有什么不同呢？

2. 联系生活，迁移运用。

再出示第一课时已填写的“本地的春节”的表格，在后面加上一栏“详略安排”，继续填写。

说说过春节时，自己印象最深刻的是什么。选择印象最深的一处，试着写一写。

有兴趣的同学，课后还可以写写自己“家乡的春节”。

【设计意图】运用阅读材料开展比较阅读，同样写“北京的春节”，比较的是写法的不同；写不同地方的春节，比较的是习俗的不同。联系生活，继续运用前面已完成的“本地的春节”表格进行详略安排。在交流中分清主次内容，并将自己印象深刻的主要内容用文字表达出来，这既是语文要素的落实，又是习俗文化的最好传承。

专家评点

将“以学为本”进行到底

周一贯

《北京的春节》教学设计，确有不少可圈可点之处，其中一个突出的共同点就是“以学为本”。

中国小学语文教学的一个传统弊端是“以师为本”。课堂上教师讲得太多，问得太多，教得太多，连板书也太多，这就导致学生“学”的严重缺失。学生缺失了学的自主性、主动性，教师的“教”就成了单向的“注入”，这样的“注入”，也就是“注”则有之，“入”则未必，无多少效果可言。

“童真语文”不仅有“真心”“真爱”，还要有“真学”。因此“以学为本”不能是点缀，而要进行到底。本案的最大特点，就在这一点上。

一、以学为本，从单元篇章页开始

“本”者，贯彻始终也。在这一课里，学生的自主学习是从单元篇章页开始的。上课伊始，教师即让学生自学单元篇章页明确任务，说说“自己了解到了什么”，通过交流来理解什么是“百里不同风，千里不同俗”这一谚语的蕴意。于是，学生在交流家乡春节民俗的基础上，走进《北京的春节》。

二、以学为本，让学生学习自读课文

让学生自读课文，要让他们“带着任务读”，自学才能落到实处。教师在这里设计了两个很有意义的抓手，一是在八个民俗的名称前“填动词”，另一是为春节习俗的 8 个时间节点排序。两项作业，在做中自读课文，使

以学为本落到了实处。

三、以学为本，以表格做学习支架

以学为本的落实，关键在于教师要设计好相应的学习支架，使学生的学习有法可依、有径可循。根据课文的特点，教师设计了两份表格，一份是“北京的春节”，另一份是“本地的春节”，每份表格当中有8个时间节点和在这个时间节点上的风俗习惯。这不仅贯穿了课文的全部内容，而且有了“北京的春节”和“本地的春节”的比较研究，使学生自读自解课文落到了实处。

四、以学为本，在对比中自主拓展

阅读的根本目的，不仅要明白课文的意义，更要拓展其“意义剩余”，即个性化的阅读感悟。北京的春节是这样的，是文本的“意义”所在；而本地的春节又是怎样的，是“超文本”的“意义剩余”。这应当是以学为本指标在本课中的最大体现，现在通过教师的设计引领，也得到了更有情趣的实现，从而使“感悟写法”和“体悟情感”落到了实处。这是将“以学为本”进行到底不可缺失的重要环节。

㊁ 古诗文阅读

5

自主真学，促进“深度学习”

——三年级下册《守株待兔》教学

教学设想

寓言是生活的一面镜子，许多寓言故事都曾给学生留下深刻的印象，诸如《揠苗助长》《刻舟求剑》《南辕北辙》《乌鸦喝水》《狐假虎威》等。每一个寓言故事都蕴含着深刻的道理。《守株待兔》是统编教材语文三年级下册第二单元寓言故事中的第一篇。它是一篇小古文，选自《韩非子·五蠹》。小古文语言精练，仅仅用了 39 个字就把“守株待兔”的故事讲明白了。《守株待兔》讲述的是一个广为流传的故事：宋国的农夫看见一只兔子撞死在树桩上，便放下农具整天守着树桩，希望能再捡到撞死的兔子，结果兔子没捡到，田地却荒芜了，农夫因此被宋国人笑话。小故事大道理，短小的寓言故事里包含着深刻的道理：做事要靠自己的努力，不要有侥幸心理。这是孩子第二次在教材中接触小古文，朗读停顿、词句理解均会遇到一定的困难。“因释其耒而守株，冀复得兔”是朗读停顿的难点，“走”的古今异义现象是词句理解的重点。“阅读链接”里也链接了一则寓言《南辕北辙》，不过这是一则现代文版的寓言故事，学生比较熟悉，也比较容易读懂。课堂结尾尝试提供小古文版的《南辕北辙》，在拓展阅读中让学生再次实践“古今参读”。

引导学生由已知的寓言故事入手，激发其学习兴趣，自主初解题意。让学生经历真实的朗读过程，自主扫除阅读障碍，真正达成读通小古文的目标。巧妙地“化教为学”，让学习真实地发生在学生身上，不待教师讲，学生自主地借助文旁注释，借助小古文和现代文的比较阅读，真正读懂小古文的意思。教师只在学生“难知之处”进行引领，让学生的理解更为深刻。问题从学生中来，再让学生带着问题回到文本中去，在“来回走”的过程中自然地读出故事内涵。在充分交流、反复朗读的过程中，不断地触发学生的情感，让学生的表达抵达“非说不可”的地步。熟读成诵，让学生在这节课里就把《守株待兔》背诵出来，体现“真学”的效果。但到此还不够，还要引导学生从一篇走向多篇，展开拓展阅读，更好地传承中华优秀传统文化。

教学实录

一、由故事入手，自主初解题意

师：看仔细喽，我们先来玩一个“看图画猜成语”的游戏。

生依次说出：揠苗助长、刻舟求剑、南辕北辙、守株待兔。

师：这四个成语有什么共同特点吗？

生：它们都是寓言故事。

生：它们都是四字成语。

师：“守株待兔”是我们学过的故事，守的是——

生（齐）：“株”。

师：“株”指的是——

生：树桩。

师：“待”的意思是——

生：等待。

师：哪位同学来说一说“守株待兔”的字面意思？

生：守在树桩前面等待兔子。

师：《守株待兔》就是我们今天要学的课文，不过，今天我们学的是小古文版的《守株待兔》。请你拿起笔，把“守株待兔”这个成语工工整整地写到课题上方。

师：请注意，“株”是——木字旁，“待”是——

生（齐）：双人旁。

师：变成“单人旁”就读——

生：“侍”。

师：“服侍”的“侍”。

（生书写，师巡视，提醒写字姿势要端正，表扬字写得漂亮的同学）

二、古今比较，自主扫除阅读障碍

师：你的手里分别有古文版的和现代文版的《守株待兔》，请你快速地浏览，看看它们有什么不一样的地方。一眼就能看出来的不一样。

生：古文版的字很少，现代文版的字很多。

师：“字很少”说明古文版的篇幅比较短小，语言比较精练。现在就让我们读读古文版的，请你自由地、大声地读两遍。

生自由地读古文。

师：你感觉哪句话比较难读？

生（疙里疙瘩地读）：因释其耒而守株，冀复得兔。

师：确实有点难读，我们一起来看看。“耒”读lěi，它是古代耕田用的一种农具，耕者正拿着这个农具在劳动呢！“耕”和“耒”比较，你发现了什么？

生：“耒”是“耕”的偏旁。

师：“释”也是我们要学写的字。（课件出示“采”和“释”，“耒”和“耕”）

师：仔细观察，看看“耕”和“释”这两个字有什么相同的地方。

生：两个字偏旁的“捺”都变成了点。

生：“释”和“耕”都是左窄右宽。

师：“释”的偏旁你认识吗？

生（部分）：是“釆”。

生（部分）：好像不是“采”。

师：像“采”不是“采”，它读 biàn。让我们一起伸出手指，一起书空“釆”这个偏旁。

（师生一起书空偏旁“釆”，强调笔画“点”）

师：写好了这个偏旁，你一定能写好“释”字。现在和老师一起来写写“耕”字。

（师板书范写“耕”字，特别提示穿插的笔画。生书空）

师：请你拿起笔认认真真地各写一个，写完以后，如果发现哪一个写得不够好，就再写第二个，争取一个比一个写得好。

（生写字，师巡视，提醒写字姿势要端正，表扬字写得漂亮的同学）

师：我们学了这几个字后再来读这个长句子，肯定能读好。老师先读一读，你听听，读的时候要注意什么呢？

生：“因”后面要停一下，然后读“释其耒”；然后再停一下，读“而守株”；然后停一下，再读“冀复得兔”。

师：掌声送给她，她有了一个很大的发现——读小古文要注意停顿。谁也来读读这个句子？

（课件出示：因/释其耒/而守株，冀/复得兔。）

生读句子（刻意停顿）：因/释其耒/而守株，冀/复得兔。

师：停顿时，要音断气不断。如果音断了，气也断了，那这个句子就没有生命了。我们大家一起读一读。

生齐读（停顿自然）：因/释其耒/而守株，冀/复得兔。

三、古今参读，自主读懂故事

课件出示：

> 宋人有耕者。田中有株。兔走触株，折颈而死。因释其耒而守株，冀复得兔。兔不可复得，而身为宋国笑。

师：现在让我们一起来合作读小古文吧，老师读画横线的部分，你们读其他部分。

（师生合作读）

师：交换一下，现在你们来读画横线的部分。

（师生交换内容，再合作读）

师：小古文可不能这样读，让我们一个句子一个句子地来读。看看，它一共有几个句子？

生（数句子）：5 个。

师：那我们就请 5 个同学来进行“开火车”读吧。

（生“开火车”读小古文）

师：一个句子一个句子连起来就成了一篇小古文。现在请大家自己读读这篇小古文，边读边想：哪个字、哪个词自己读不懂？

（生自由读小古文）

师：读不懂怎么办？今天老师不讲，请同学们自己来读懂小古文，我们可以借助注释，可以借助现代文版的《守株待兔》，来读懂小古文。比如“耕者”的意思我不懂，我就把它画出来，然后先去看注释，注释里没有解释，我就去读现代文版的故事，一读，我们就知道“耕者”的意思就是——

生（齐）：农夫。

师：好，我们就这样来自己读懂小古文。

（学生静静地展开“独学”，教师充分保证学生“独学”的时间）

师：已经完成学习任务的同学，可以和同桌分享一下自己学懂的字词，注意让平常不太说话的同学先交流哦。

（同桌学生展开“对学”，课堂里交流热烈）

师：刚刚是一个字一个词在解释，集体交流的时候要稍微提高一点难度。哪句话的意思你读懂了？

生1：我读懂了“兔走触株，折颈而死”的意思，就是——有一天，一只兔子撞到了树桩上，然后折断脖子死了。

生2：兔子忽然从树丛里窜出来，撞在了树桩上，折断了脖子死了。

师：那我就要考考你了，“走”的意思是？

生：“走”的意思是“跑”。

师：那“兔走”就是——

生（齐）：兔子跑。

师：那“龟兔竞走”呢？

生：就是“龟兔赛跑”。

师：“百兽见之皆走”就是——

生：百兽看到了老虎，都跑了。

师：这让我们想到了哪个故事？

生：狐假虎威。

师：古文中的“走”是“跑”的意思，古诗中的“走”也是“跑”的意思。“儿童急走追黄蝶”就是——

生：儿童奔跑着追赶着黄蝶。

师：儿童急走追黄蝶——

生：飞入菜花无处寻。

师：好，让我们把这些积累下来，一起读一读。

（生齐读积累）

生：“兔不可复得，而身为宋国笑”的意思是兔子不可能再次得到，而他一直被宋国人笑话。

师：如果现在你能够不看现代文，把意思说出来，那才叫读懂。

生：“因释其耒而守株，冀复得兔”的意思是“于是他放下农具守着树桩，还希望得到撞死的兔子”。

师：“冀复得兔”里有一个“复”，“复”的意思是——

生：“复”的意思是“再”。

师：那“冀复得兔”就是——

生：希望再得到兔子。

生：“田中有株”的意思是他的田里有一个树桩。

生：“宋人有耕者”的意思是宋国有一个农夫。

师：那现在就让我们连起来和同桌讲一讲这个故事吧！不看现代文，就看着小古文讲，看着小古文能讲故事，才算真正读懂了。

（同桌讲故事，气氛热烈）

四、聚焦古文，自主悟出内涵

师：我们借助注释，借助现代文自己读懂了这个故事，可真不简单！读书想要有更多的收获，就要积极动脑，试着读出自己的疑问来。现在请大家轻轻地读读课文的最后一句话，联系我们已经了解的内容，试着提出自己的问题。

生 1：兔子为什么不能复得？

生 2：耕者为什么会被宋国人笑话？

生 3：宋国人会笑话他什么？

师：真好！大家提出了三个问题。现在，我们可以利用手中的现代文和小古文来一一解答这几个问题。我们先来说说兔子为什么不能复得？

生 1：已经有兔子撞死，其他的兔子就有自我保护的意识了。

生 2：这只是件偶然的事情，不可能再发生的。

生 3：农夫一直守在那里，兔子不可能自己送上门来的。

生 4：这只是农夫的运气而已，运气不可能一直都这么好。

师：第一天，耕者在守株待兔，他美美地想着——

生（读）（美美地）：兔走触株，折颈而死。

师：一个星期过去了，他照样在守株待兔，他痴痴地盼着——

生（读）（痴痴地）：兔走触株，折颈而死。

师：一个月过去了，他还是在守株待兔，他傻傻地等着——

生（读）（傻傻地）：兔走触株，折颈而死。

师：这可能吗？

生：不可能，他在做白日梦。

生：不可能，他在想不劳而获。

（在交流的过程中，让学生把关键的词语板书在黑板上）

师：第二个问题是“耕者为什么会被宋国人笑呢？”这个问题很简单。

生：农夫一直在守株待兔，所以被宋国人笑话了。

师：好，现在你就是宋国人，我们一起来想象一下。春天，当你忙着播种的时候，你看见农夫——

生（读）：释其耒而守株。

师：夏天，当你忙着耕耘的时候，你看见农夫——

生（读）：释其耒而守株。

师：秋天，当你忙着收获时，你照样看见农夫——

生（读）：释其耒而守株。

师：你都快忍不住了，你是不是有话想对农夫说？拿起笔，把你想说的话写下来。特别要注意，今天我们已经学了小古文，如果你能把小古文中的词句用进去就更棒了。

师（提示）：写到后面，你如果能再给农夫讲一点道理，估计农夫会听得更明白。

（写话）宋国人笑着对农夫说：______________________________。

（学生静静地写话）

师：同桌两人都已经写完的，可以先交流交流。

（部分学生同桌交流，部分学生继续写话）

师：宋国人会笑着对农夫说些什么呢？我们来听听。注意，现在你就是宋国人哦！

生 1：哪有人像你这么笨的，不劳而获是没有好回报的，现在你的庄稼都枯萎了，你怎么过日子啊？

师：有谁把古文中的词句用进去了？

生 2：哎呀，你简直是痴心妄想，兔子是不可能经常“触株”，然后“折颈而死”的。你想不劳而获，整天做白日梦罢了，你这样什么事都做不好。

生 3：你真傻，兔不可复得，你这样没日没夜地守株是没用的，还不如去耕地。

师：谁觉得自己写出了和别人不一样的东西？

生 4：你不能“释其耒而守株”，这样整天想着不劳而获，还不如自己去劳动，去收获粮食。

生 5：你这样“释其耒而守株”，得到过兔子吗？你还是好好耕田，和你的妻子孩子一起生活吧！

生 6：耕者啊，你怎么那么笨呀，世界上不可能有免费的午餐，你别在那儿坐着空想了，“兔走触株”只是偶然，只是你运气好而已。跟我一起去耕地吧！

五、拓展积累，自然传承文化

师：在同学们的交流里，大大的道理就蕴含其中了。《守株待兔》选自古代思想家、散文家韩非的文章《韩非子·五蠹》，现在让我们一起把这个小小的寓言故事送进自己的记忆仓库里。

（师生一起有感情地背诵《守株待兔》）

师：《守株待兔》是中国古代寓言里的一个，像这样的中国古代寓言还有很多很多。

（课件出示《揠苗助长》《南辕北辙》《刻舟求剑》的小古文）

师：我们一起读读这几个寓言故事的题目。

生（齐读）：揠苗助长、南辕北辙、刻舟求剑。

师：我们回去怎么读懂这几篇小古文呢？

生：借助注释，借助老师提供的现代文版的故事，就可以读懂。

师：真好！学会了这个方法，我们就可以读懂更多的小古文。下课。

专家评点

深度学习——撬动思维的支点

周一贯

总观语文课改的推进，其方向是以学习者为中心，以学习为重点，以深度学习为指向，培育能适应未来社会需要的德才兼备的新一代。“深度学习”从本质上来说就是语文发展思维力的学习，无论是语文知识的习得，语文能力的养成，还是语文核心素养的培育，其基础都是人的思维力。没有思维的深度参与，就不可能有深度学习。

古诗文的教学，因为时代的阻隔和文言与现代汉语的差异，一般会比较重视以讲析为主的“授予”，但由特级教师季科平执教的小古文《守株待兔》却不是这样。她借助文言文与现代文的比较阅读，用学生质疑和合作解疑等教学策略，体现了以学为主、撬动思维支点的新思路，是古文导读一样可以指向“深度学习”的课改精神的成功实践。

一、从“已知”到“未知”，铺垫深度学习的起点

新课伊始，教师首先从学生的“已知”出发，用游戏化的“看图画猜成语”，让学生回顾一些熟知的成语故事：“揠苗助长”“刻舟求剑”“南辕北辙”“守株待兔”等。人的认知活动一般遵循从“已知”到“未知”这一客观规律。所谓“温故而知新”，就不会使学生视“新知”为畏途，这不仅有着“触类旁通”的学理依据，而且也深层次地揭示了“深度学习”并非仅仅以“深”为求，而是要由浅入深，步步为营，稳扎稳打。这个富有情趣的进入，不仅激发了学生的学习兴趣，也为接下来的比较阅读（现代文的《守株待兔》与文言文的《守株待兔》），找到了一个十分合适的起点。

二、从“白话”到“文言”，突破深度学习的难点

教师充分运用了学生熟知的《守株待兔》的现代文版（下发资料）和新学的文言文版，让学生开展自主的比较阅读，巧妙地把本来应当以教为主的文言字、词的解读，完全转化为让学生在两种版本的比较对照中自主阅读的活动，从而撬动了激发学生思维力的支点。这样，教师可以把更多的精力投放到生难字的识与写上。“解读”历来是文言文教学的难点，但在本案中教师巧妙地借用了两种版本的比较阅读，把“听教师讲解”转化为“让学生自己思考”，充分显示了在小古文教学中学生一样可以拥有自读自悟的天地，突破了学生在阅读小古文中如何实施深度学习的难点。

三、从“一处”到“多处”，沟通深度学习的基点

学生阅读小古文并非没有一点学习基础，关键在于教师是否有足够的教学智慧，去沟通“一处”新知的掌握与“多处”已知的联通。这是本案中十分突出的一个亮点。《守株待兔》小古文中“走”的古今异义现象无疑是“一处”新知，如何与学生“已知”的知识经验链接，化难为易，真正达到理解积累的目的？“兔走触株”中的“走”，课文注释中就有“跑”的解释，教师就接着引导学生链接“龟兔竞走”的“走”，“百兽见之皆走”的“走”，“儿童急走追黄蝶”的“走”，等等，帮助学生进一步理解古诗文中的“走”的意思。在理解的基础上再加以诵读积累，使其真正领会“走”的古今异义。这种联系知识储备来解决新问题的能力，本质是善于触发思维的联动功能，而这也正是进行深度学习的重要基点。

四、从“质疑”到“解疑”，凸显深度学习的力点

深度学习的关键是“学须有疑”。质疑、解疑的过程，才是触发思维进入深度学习的有效过程。对此朱熹说得好：“（读书）若用功粗鲁，不

务精思，只道无可疑处。非无可疑，理会未到，不知有疑尔。”（《朱子语类辑略·卷之二·读书法》）读过季科平老师好几个课例，都有“学生质疑”的环节，这实在太重要了。质疑本身既是一种重要的读书习惯，更是指向深度学习的根本能力。请注意在本案中教师鼓励学生提出的问题：“兔子为什么不能复得”“耕者为什么会被宋国人笑话”“宋国人会笑话他什么”，等等，确实都有相当的价值。“兔子为什么不能复得？”这里所指不是复得一般的兔子，而是“触株折颈而死的兔子”。兔子因惊吓而奔，才会“触株”，才会伤得如此厉害。这纯属偶然，当然不太可能重现。“耕者为什么会被宋国人笑话？”教师借机让学生展开联想：第一天，耕者在守株待兔，他美美地想着……一个月过去了，他还在傻傻地等着、想着……春天到了，耕者不去备耕种田，还在做什么？夏天呢？秋天呢？学生的思维被教师在质疑中激发，自然也就更深刻地感知了“守株待兔”的寓意。至于第三个问题“宋国人会笑话他什么”正好被老师巧妙地转化为语言运用，让大家作为宋国人把“笑话他”的话写在作业本上。而且老师鼓励大家用上古文中的词句来表达，深化了书面表达的内涵。

教育的目标是“育人”，育人的关键在于“育心”，育心的重点在“育脑”。学习的过程就是开动大脑的过程，深度学习就是旨在发展思维的学习。这即使是学习古文也不应例外。

6

童真语文：呼唤真学真思辨

——四年级上册《王戎不取道旁李》教学

教学设想

《王戎不取道旁李》是四年级上册第八单元的第一篇课文，这一单元以“历史传说故事”为主题，语文要素是“了解故事情节，简要复述课文”。王戎是魏晋时期“竹林七贤”之一，自幼聪慧。课文选自《世说新语·雅量》，讲的是王戎幼年的故事。七岁的王戎曾与同伴在路边玩耍，见道旁有结满李子的李树，其他人争着跑过去摘李子，只有王戎不动，别人问他为何如此，答曰：“树在道旁而多果实，果实必定是苦的。”摘下来一尝，的确如此。王戎年幼时就表现出了超人的聪慧，一个七岁的孩子，竟然能够如此冷静，通过思考推断得出“此必苦李”的结论。“道旁苦李”这个成语就来源于这个故事。

课后第一题要求“正确、流利地朗读课文”，需要引导学生扫除两个障碍。一是把课文读正确。读准多音字。“折”在这里读“zhé”，“折枝”指树枝被压弯了。读好“诸小儿”“诸儿”，提醒不能读成儿化音。二是正确处理停顿。根据学情，突破难点“看道边李树多子折枝”的停顿，“看什么”（看道边李树），“怎么样”（多子折枝），这样一引导，停顿便显而易见——“看道边李树/多子折枝”。在这基础上，通过师生合作读等方法把小古文读通顺。

课后第二题是“结合注释，用自己的话讲讲这个故事”。首先引导学生借助注释、联系上下文来读懂文意。“竞走”在注释中是“争着跑过去”

的意思，特别要强调“走”的意思在古汉语中的意思是“跑”，可联系三年级《守株待兔》中的“兔走触株”等强化对“走”的理解。“之”在小古文中经常出现，在本文中也出现了三次。引导学生联系上下文展开讨论，准确理解“之”的不同意思。在读懂文意的基础上了解故事情节的发展：与诸小儿游——唯戎不动——此必苦李——取之，信然。然后请学生试着用自己的话来讲讲这个故事，独立试讲后，还可以讲给同伴听。

在小古文中，王戎的表现与众孩童的表现形成了鲜明的对比，“看道边李树多子折枝”，众孩童“竞走取之”，只有王戎不动。这是可以直接看到的王戎与其他孩子的不同。当然还可以继续发现更多的不同。最大的不同是王戎在仔细观察的基础上展开了深入的思考，进而推断出了“树在道边而多子，此必苦李”的结论。为什么“树在道边而多子，此必苦李”呢？这就需要引导学生一起来深入思考。

在尝试背诵《王戎不取道旁李》的基础上，拓展阅读《徐孺子年九岁》《未若柳絮因风起》，从一篇走向多篇，认识古代更多自幼聪慧的孩子。

教学设计

【教学目标】

1. 自主学写“诸”“尝”“戎”等字，重点学写“唯”“竞”等字。突破难点，自主扫除朗读障碍，认识古文的停顿。运用多种方式反复朗读，并争取背诵积累。

2. 借助注释，通过同伴互助自主读懂小古文，会用自己的话讲故事，培养自主学习小古文的能力。在比较中展开深度阅读及表达，体会王戎仔细观察、认真思考的优秀品质。

3. 链接资料，拓展阅读，从一篇走向多篇，感受中国古代那些小孩的智慧和传统民族文化的熏陶。

【教学时间】

1 课时

【教学流程】

一、链接资源，自主初解题意

1. 联系已学，复习回顾。

回顾三年级已经学过的文言文——《司马光》《守株待兔》。

《司马光》讲的是——司马光干什么（司马光破瓮救人）。

《守株待兔》讲的是——谁守株待兔（一个宋人守着树桩等待兔子来撞死）。

2. 利用资源，初解课题。

初解小古文题目《王戎不取道旁李》：谁？干什么？

借助注释 1 及插图理解课题。课题的意思是……同时穿插学写“戎”字，拿起笔，把历史人物“王戎”的名字认认真真地写下来。

【设计意图】课堂初始，引导儿童复习回顾已学的文言文《司马光》《守株待兔》，用“谁干什么”的句式回顾故事，用“谁干什么”的句式引入新的课题。三个课题，三种类型，同时呈现，让课题导入具有更丰富的内涵。同时，在借助注释及插图辅助理解课题的基础上，学写历史人物“王戎”的名字，这给生字“戎”的学习注入了文化的元素。

二、突破难点，自主扫除障碍

1. 自由读文，尝试读通。

自由地、大声地朗读小古文 3 遍，争取读准字音。

2. 聚焦难句，重点突破。

指名读，重点落实难句：看道边李树多子折枝，诸儿竞走取之，唯戎不动。

读准“诸、竞、唯”的读音，读准多音字“折”。

诸——堵，唯——推；给“唯”组个词。

当堂书写“竞”，给“竞”组组词，看看这个字的书写，请学生来提醒大家。

教师范读难句，强调停顿；学生照样子练习读，教师强调停顿要自然（音断气不断）。指名原来的学生再读。

3. 合作朗读，感受停顿。

师生合作读文言文。老师读一句，学生接着读下一句。然后交换，在读的过程中让学生自然地感知停顿。

小组“开火车”读，每组读一句。

学生自由读。

课件出示：

> 王戎／七岁，尝／与诸小儿／游。看／道边李树／多子折枝，诸儿／竞走取之，唯戎／不动。人／问之，答曰：“树／在道边／而多子，此必／苦李。”取之，信然。

【设计意图】在读通小古文的过程中，正确处理长句子的句中停顿，是学生学习需要突破的难点。教师通过范读、练习，带着学生自然去突破“长句子朗读”这个难点。在师生合作朗读的过程中感受小古文的停顿，通过分组“开火车”朗读自然地连句成篇，真正达成读通小古文的目标。

三、展开过程，自主读懂故事

1. 独学：默读古文，明确自学方法。

请学生自由读课文，边读边想，哪些字词的意思自己读不懂。读不懂的字词怎么办？借助注释来读懂。如果还读不懂，就用铅笔在旁边打一个小小的问号。

2. 对学：同伴互助，读懂古文意思。

和同伴一起学习，自己没读懂请教同桌，然后两个人互相说说自己读懂了哪几句话的意思。先读懂了的同学，等下帮助同伴读懂。

3. 群学：集体交流，分享自学成果。

集体交流围绕"还有什么读不懂的"展开，教师根据学情点拨重点字词的学习，特别点拨"走"的古今异义现象——在古诗文中，"走"的意思和现在的不一样，它指的是"跑"。

链接：

古文——兔走触株；百兽见之皆走。古诗——儿童急走追黄蝶。

"竞走"的意思是——　　"龟兔竞走"指的是——

"诸儿"指的是——　　"诸儿竞走"指的是——

很多位同学可以说——

很多位听课的老师可以说——

在这一课中有三个"之"，它们的意思有区别吗？

"诸儿竞走取之"中的"之"代指"李子"，"人问之"中的"之"代指"王戎"，"取之，信然"中的"之"代指"李子"。

4. 同桌合作，自主讲解故事。

请学生先和同桌互相讲一讲，然后再给全班同学讲一讲。同桌间尝试讲故事，教师指名学生讲故事。

【设计意图】在这个"读懂故事"的环节，让学生自主地展开"真学"，通过借助注释、请教同伴等方式来读懂小古文。对学时，在与同伴分享"读懂的内容"中进一步丰富学习信息，消解学生学习小古文的畏惧心理。然后围绕"还有什么读不懂的"展开集体交流，让学生自主学习的质量得到进一步提升。而教师则只对特殊的语言现象做巧妙点拨，如"走"的古今异义、"之"的一字多义，让学生对文言字词的理解更为准确。在这样的基础上，让学生用自己的话来讲述这个故事，便水到渠成。

四、聚焦问题，自主悟出内涵

1. 深入思考，比较深化。

同样是小孩子，王戎和其他的小孩子有什么不同的地方呢？

2. 交流提升，深化认识。

预设：

做法不同（诸小儿竞走取之，王戎不取）；

想法不同（诸小儿认为是甜李，王戎断定是苦李）；

推断不同（为什么“树在道边而多子，此必苦李”？）。

①如果是甜李，道旁采摘方便，主人家早已采摘去卖掉换钱。

②如果是甜李，过往行人会采而食之，早就被采光。

③李子多子折枝在路边，动物家畜也会竞相啄食。

…………

3. 提炼关键词，自由讲解故事。

读到这里，再来讲这个历史故事，留下几个关键词来提醒我们。

讲的时候，注意语气，还可以用适当的动作和表情吸引大家。想不起来的时候，看看提示。

请学生和同伴一起练习一下，还可以站起来讲给同伴听。

指名讲故事。

【设计意图】“真思辨”需要“真问题”，“同样是小孩子，王戎和其他的小孩子有什么不同的地方”，这也正是孩子们自己关心的问题。让儿童运用理性思维去展开思辨，通过主动积极的思维活动去促进深度阅读。在充分交流的过程中，不断地触发儿童的思辨，让儿童的表达逐渐有了理性思维的印痕。在这样的基础上，再有声有色地来讲这一个历史故事，学习的增量得到了充分的体现。

五、拓展积累，自主传承文化

1. 背诵古文，积累语言文字。

《王戎不取道旁李》选自《世说新语·雅量》，师生一起背诵小古文。

王戎＿＿＿＿＿＿，尝与＿＿＿＿＿＿游。看道边李树＿＿＿＿＿＿＿＿＿，诸儿＿＿＿＿＿＿＿＿，唯＿＿＿＿＿＿。人问之，答曰：“树在道边而＿＿＿＿＿＿，此必＿＿＿＿＿＿。”取之，＿＿＿＿＿＿。

这个故事浓缩成一个词，那便是“道旁苦李”，让我们拿起笔把它积累下来。

2. 拓展延伸，感受文化传承。

“时光如川浪淘沙，青史留名多俊杰。”（时间像一条河，大浪会淘洗掉沙子，剩下的就是金子；在历史上留下名字的都是出众的人才。）在历史的长河中，一些历史人物的故事历经千百年广为流传，这个单元就是讲述历史人物故事的单元，《王戎不取道旁李》是其中的第一篇。在古代，很多文言文中就有这样“甚聪慧”的小孩子。

补充 1：《徐孺子年九岁》——选自《世说新语·言语》

徐孺子年九岁，尝月下戏，人语之曰：“若令月中无物，当极明邪？”徐曰：“不然。譬如人眼中有瞳子，无此必不明。”

补充 2：《未若柳絮因风起》——选自《世说新语·言语》

谢太傅寒雪日内集，与儿女讲论文义。俄而雪骤，公欣然曰：“白雪纷纷何所似？”兄子胡儿曰：“撒盐空中差可拟。”兄女曰：“未若柳絮因风起。”公大笑乐。

【设计意图】熟读成诵，达到语言积累的目的，并汇成“道旁苦李”一个词写下来。从读到背，再到写，让语言积累真正落到实处。到此还不够，我们引导儿童从“这一个”走向“这一类”，再拓展两篇“甚聪慧”主题的小古文，让儿童在自主阅读中进一步感受孩童智慧，传承优秀传统文化。

专家评点

思辨——通向深度学习的桥梁

周一贯

戴圣的《礼记·中庸》有言：“博学之，审问之，慎思之，明辨之，笃行之。”从这里可以看出学习过程由知到行的五个步骤。细思之，关键在于中间的两步——“慎思之，明辨之”。这简而称之为“思辨”。本案设计的最大的特色就是抓住了“思辨”这个环节，真正让“思辨”成为通向深度学习的桥梁。

一、读通课文，为思辨打下基础

学习小古文，要深入开展思辨，首先得读通课文。问题在于小古文，对学生来说，读通有一定的困难。困难在哪里？在于断句。句子的层次清楚了，才能为理解文意铺平道路。教师让学生在反复试读中，渗入了如何在句中作停顿，把文言文句子中的层次分开来。只有把每一句中的层次分清了，我们才能准确地了解句子的意思。毫无疑问，让四年级的小学生读古文，而且只是上学期的第三篇，还是有一定难度的。加强断句训练是完全必要的。只有把句意弄明白了，才能展廾相应的思辨活动。

二、确定重点，为思辨寻找“锚点”

我们这里说的“思辨”不是一般的思维活动。“思辨”是指思考辨析活动，在哲学上甚至指运用逻辑推导而进行纯理论、纯概念的思考。所以，课文中不是任何一个地方都有思辨点。我们必须在了解全文的基础上，方能找到有利于开展思辨活动的“锚点”。正是因为教师在朗读断句上下足了功夫，学生通过反复朗读明晰了文章内容，还通过让学生讲解故事（把课文转化为故事），在动情的讲解中丰富了情感活动，才能为之后的思辨过程步步推进打下重要的基础。

三、理清步骤，让思辨步步推进

如何理清步骤？在本案中就是巧妙地让学生找“同样是小孩子，王戎和其他的小孩子有什么不同的地方”，这就抓住了思辨的聚焦之处。学生找出的不同可能会有：做法不同（诸小儿竞走去取之，王戎不取）；想法不同（诸小儿认为李子都是甜的，王戎却断定是苦李）。为什么想法会不同呢？这才是识别的焦点所在。原来王戎得出这样的认识是有一个推想过程的：如果是甜李，为什么在路旁都没人摘？即使主人不摘，行人也会摘着吃，他们为什么不摘？如果行人不摘，鸟兽也会争着吃，可又为什么不吃？推想原因，才得出正确的判断——这应该是苦李。以上的推断过程就是思辨过程：从看到现象，推想原因，到获得正确的认识。这无疑是本案最大的亮点。

7

贯通古今，经典永流传

——六年级上册《伯牙绝弦》教学

教学设想

“知音文化”是中华优秀的传统文化，“知音文化”关键在一个“知”字，“知”就是知音、知己、知心。人们把真正了解自己心意的人叫作“知音”。“知音”一词来源于俞伯牙与钟子期（相传为春秋时代的人）的传说故事。关于他们二人成为知音的传说，自《列子》《吕氏春秋》记录后，在史书和民间传说中广为流传，在我国的古诗中也常有提及，如“借问人间愁寂意，伯牙弦绝已无声”“钟期久已没，世上无知音”，等等。明代小说家冯梦龙还创作了《俞伯牙摔琴谢知音》……在传承的过程中，形成了知音文化。

相传伯牙曾担任晋国上大夫，是当时著名的琴师，他既是弹琴能手，又是作曲家，故被人尊为“琴仙”。《荀子·劝学》里写道“伯牙鼓琴，而六马仰秣（mò）”，可见他弹琴技术之高超。而相传钟子期则是一个戴斗笠、披蓑衣、背冲担、拿板斧的樵夫。发生于他们两人之间的“伯牙绝弦”的故事，荡气回肠，感人心肺。伯牙擅长弹琴，钟子期擅长听琴。伯牙用琴声表达了自己像泰山一般高远的志向，以及像江河一般宽广的胸怀，琴技可谓炉火纯青。然而不管伯牙如何弹奏，钟子期都能从琴声中领会到伯牙所想。伯牙因得知音而欣喜万分，“相识满天下，知音能几人！”子期死后，伯牙悲痛欲绝，认为这世上再没有人能如此真切地理解他，便摔破自己心爱的古琴，挑断琴弦，终生不再弹琴。后人有诗曰：“摔碎瑶琴凤尾寒，子期不在与谁弹？春风满面皆朋友，欲觅知音难上难！”“伯牙绝弦”

所喻示的就是一种真知己的境界。

学生学古文虽有文字阻隔，但《伯牙绝弦》的文字中所传递出的真挚情感却还是能跨越时空，叩击心灵的。首先是由古及今，初解课题的意思。从“绝”字入手，不仅感受汉字字形的美丽和其中蕴含的智慧，还给学生打开一扇窗户，引入一段感天动地的千古佳话，巧妙地让学生了解课题的意思。接着是读古思今，扫除朗读障碍。结合学情，展开多种形式的朗读，争取读通读顺。当学生朗读古文遇到困难的时候，教师给予相应的指导。在合作朗读的过程中，教师巧妙地运用示范，引导学生读出节奏，读出韵味。更重要的是谈古论今，展开质疑阅读。聚焦点明题意的句子——“子期死，伯牙谓世再无知音，乃破琴绝弦，终身不复鼓”，让学生反复阅读，读出意蕴，读出疑问。“学贵有疑，小疑则小进，大疑则大进。”教师只在旁帮助梳理问题，让学生带着问题再展开深度阅读，寻找答案，体悟情感。在集体讨论交流的过程中，由果溯因，逐渐呈现出一幅完整的知音图。知音其实是知心。听琴声而知心，唯子期也。可惜，天不如人意，伯牙在子期墓前，百感交集，千言万语通过琴声奔涌而出，而这竟然成了千古绝唱。学生的思绪自然也会奔涌而出，此时写上一段话抒发心曲，也正是他们的学习需求。

音乐是伯牙的生命，古琴是伯牙的至爱，“破琴绝弦”的悲壮行为震撼人心，才演绎出了这凄美动人的故事。“伯牙绝弦”早就成了中华知音文化的代名词，也因此留下了许多感人的文字，一直流传至今。带着学生在回顾朗读这些有温度的文字的同时，伴着高山流水的乐曲，把“伯牙绝弦”的故事继续传承下去。

教学设计

【教学目标】

1. 由古及今，理解课题的意思。读古思今，初步认识古文的断句、停顿。运用多种方式反复朗读，并争取背诵积累。

2. 谈古论今，启迪学生思维，在质疑问难中展开深度阅读，感悟知音之间的真挚情谊。

3. 贯古通今，感受“伯牙绝弦”故事的精神价值和传统民族文化的熏陶。

【教学时间】

1 课时

【教学流程】

一、由古及今，初解课题意思

1. 出示“绝”的字形演变，了解本义。

看甲骨文的“绝”，猜一猜。继续出示“绝”的字形演变，了解“绝”的本义“将丝线切断”。

2. 联系“绝”的日常运用，理解引申义。

断绝关系，不再交往叫——（绝交）；断绝饮食，不再吃饭叫——（绝食）；断绝人情，不再讲情谊叫——（绝情）。以上运用的就是“绝”的引申义“断绝”。那“绝弦”又是什么意思呢？

3. 链接伯牙的背景资料，初解课题。

今天学的一篇小古文，题目就是《伯牙绝弦》。出示伯牙简单的介绍资料。

伯牙，春秋战国时期晋国的上大夫，衣着华贵，身份高贵，他擅长弹琴，又擅长作曲，当时他的师傅称赞他是天底下最出色的琴师，人们尊称为“琴仙”。《荀子・劝学》中这样写道：“伯牙鼓琴，而六马仰秣。”

二、读古思今，扫除朗读障碍

1. 出示古文，感知古今异同。

（课件出示：竖排、没有标点的文本）发现特点：古人写文章竖着书写，而且没有标点。所以古人在读书时得自己断句。

2.朗读课文，读好句间停顿。

现在读古文，一般都是横着排列，编者已经用标点符号把句子断开了。自由地、大声地读课文，并把人物的名字都画出来，有助于更快地读通课文。

3.精准引导，引导句中停顿。

难点突破，指导读好长句子：

（1）“善哉，峨峨兮／若／泰山！”

“善哉，洋洋兮／若／江河！”

（2）子期／死，伯牙／谓／世／再无知音，乃／破琴／绝弦，终身／不复鼓。

师生、生生合作朗读，读出节奏（课件出示带上停顿记号的课文）。

三、谈古论今，展开质疑阅读

1.呼应课题，理解意思。

课文写了伯牙，还写了谁？（出示钟子期的简介）《伯牙绝弦》讲的就是他们两个人的故事。

古文中有一句话直接点明了课题的意思，快速浏览课文，用曲线画出这句话。

（子期死，伯牙谓世再无知音，乃破琴绝弦，终身不复鼓。）

这句话是什么意思呢？借助注释试着理解。

2.深入思考，质疑问难。

读书想要有更多的收获，就要积极动脑，试着读出自己的问题来。轻轻地读读这句话，联系已经了解的信息，提出自己的问题。

问题预测：为什么要“破琴绝弦”呢？为什么认为世上无知音了？难道伯牙就只有钟子期一个知音吗？“破琴”，把那么好、那么值钱的琴砸了，值得吗？“终身不复鼓”有没有必要呢？人死不能复生，伯牙应该积极面对才是。他这样做以后靠什么生活，又有什么意义呢？等等。

3. 梳理问题，回归文本。

看看哪几个问题可以放在一起，哪几个问题马上可以解决，哪几个问题需要我们深入阅读课文才能有答案，哪些问题还可以更具体些……

4. 深度阅读，释疑悟情。

梳理完问题后，带着涉及“知音”的问题回到文本，认真默读，寻找答案，体悟情感。

展开讨论交流，释疑悟情。

▲预设交流点一：伯牙鼓琴，志在高山，钟子期曰：“善哉，峨峨兮若泰山！”志在流水，钟子期曰：“善哉，洋洋兮若江河！”

（1）展开充分想象，理解句意。

“善哉”，用现在的话来说就是……课文中还有两处也写到了“善”，它们的意思一样吗？点击“一字多义”的语言现象。伯牙弹琴的时候，心里想到巍峨的泰山，钟子期听了赞叹道……伯牙弹琴时，心里想到宽广的江河，钟子期赞叹道……子期完全听懂了伯牙的琴声。点击“江河”特指的语言现象。

（2）引导深入思考，感悟心声。

琴声即心声啊，通过这高山，通过这江河，你想伯牙可能还在表达着自己怎样的心声呢？这一切只有钟子期能听懂。钟子期不仅听懂了琴声，还听懂了倾注在琴声里的心声。

通过朗读体会知音的境界。

▲预设交流点二：伯牙所念，钟子期必得之。

伯牙心里所想的，钟子期一定明白。这不是一般的朋友啊！不论伯牙志在高山、志在流水，还是……无论伯牙弹琴的时候心里想到什么，钟子期都会清楚地道出他的心声。这就是真正的知音！

（1）补充材料，体悟深情。

伯牙和子期只是一次相遇，却结下了知音之情，读一读下面的材料，你会有更多的了解。

出示材料：

> 伯牙是著名的宫廷乐师，名满天下，尤其是弹得一手好琴。琴声虽好，却没有一个人能真正听懂他的琴声。伯牙与钟子期相识在一个风雨之夜，伯牙停船避雨，弹起琴来，抒发内心的孤独与寂寞，却不料遇上了打柴回家的钟子期。钟子期竟然完全听懂了伯牙的琴声，听出了伯牙的心声！

此时的伯牙心情如何？请学生用四字词语来说说。

（2）补充练笔，体悟深情。

（音乐）就这样，他们依依不舍地道别，相约日后再见。然而，当伯牙满怀希望前来相聚的时候，等待他的却是一块冰冷的墓碑。此时，伯牙心中的千言万语通过音乐奔涌而出，他多么想对子期说：子期啊子期……请学生展开小练笔。

5. 回归问题，提升认识。

“此曲终兮不复弹，三尺瑶琴为君死！”这样的决心，这样的痛心，请学生带着自己的感受再来读读这个句子。（子期死，伯牙谓世再无知音，乃破琴绝弦，终身不复鼓。）

再回到学生提出的问题，诸如“破琴绝弦”“终身不复鼓”有没有必要，等等。这些问题多是从实用的角度来思考，认为没必要，不值得。而伯牙不是这样想的。伯牙把知音的可贵情谊提升到了精神的高度，可以为此牺牲一切，这样的破琴绝弦悲壮行为震撼人心，才演绎出了这凄美动人的故事。如果伯牙像平常人一样，知音死了很悲痛，但过了些日子照样弹琴过日子，那么这个故事还会流传到几千年后的今天吗？

四、贯古通今，传承民族文化

1. 读资料袋，了解中华文化的传承。

2. 按序呈现，感受中华文化的传承。

“伯牙绝弦”成了中华文化在“知音”方面的代名词，流传千古。知音已逝长唏嘘，千古佳话留人间！这个故事后人广为传诵，留下了许多感人的篇章。

“伯牙鼓琴，而六马仰秣。”——《荀子·劝学》

在许多古书，如《列子·汤问》《吕氏春秋·本味》均有记载，在古典诗词中也常被传颂：

“借问人间愁寂意，伯牙弦绝已无声。”——（唐）薛涛《寄张元夫》

“高山流水琴三弄，明月清风酒一樽。”——（唐）牟融《写意二首》

“钟期久已没，世上无知音。”——（唐）李白《月夜听卢子顺弹琴》

“故人舍我归黄壤，流水高山心自知。”——（宋）王安石《伯牙》

在古代白话文小说中也有记载，如《俞伯牙摔琴谢知音》（明代冯梦龙《警世通言》）。

…………

3. 伴乐背诵，亲历中华文化的传承。

引导：人们根据这个动人的故事，编写了一首同样动人的乐曲《高山流水》。伴着美妙的琴音，融入我们全部的情感，让我们的朗诵声在这里响起，让经典永流传！

专家评点

质疑——“童真课堂”深度阅读的推力

周一贯

“学须有疑”，有疑才会挑战思维，推动研究，从而获得读书的真正益处。要让学生“有疑”，就要引导学生学会提出问题。要真正学会提问题并不容易，需要在学生的自主阅读中培养。如何培养？这正是本案最值得推介之处。学生开始提问会很笼统，如“为什么‘世上再无知音’”？“为什么要‘破琴绝弦’”？“为什么要‘从此不复顾’”？……你不难发现这是为质疑而质疑，即找出课文中的某一句话，前面加上一个“为什么”或“什么叫”就成。其实学生对自己的问题还没有想清楚、想具体，还没有问到点子上。这就必须由教师做针对性的追问，追到本质上，让学生自己来改变自己的问题。在这样“导”的过程中，慢慢提高学生的质疑能力。学生会提问题了，也就是学会了在阅读中如何对文本引发深度思考，在思考中建构起对文本的个性化解读。

在当下，“质疑式阅读”应当是阅读教学改革的主攻方向，如此方能改变传统阅读教学以教师讲析为主，让学生全盘接受，并以为这便是“标准答案”的那种“接受式阅读”。无疑，这也是学生自主阅读的要义所在。“读须有疑”是阅读教学改革的不二法门。所以，在本案的实施过程中，最应该探讨的便是童真课堂“质疑式阅读”的基本方略。笔者以为有以下一些方面很值得我们借鉴。

一、自读为本，避免过度讲析

在质疑式童真课堂里，最核心的环节就是“质疑”。质疑的过程要花费相当多的时间，这就要尽力避免古诗文教学中教师专注于讲深、讲透而造成“过度讲析”，学生也因此失去自学机会的弊端。在这方面，季科平老师奉行的是以学生自读为本，在指导学生反复诵读、自行断句上下功夫。断句正确了，再加上“注释”等辅助材料的运用，学生便可基本知晓文本内容。这样，不仅相对节省了时间，而且让学生有了更多的自读机会，提高了对小古文的自读能力，可谓一举多得。这也说明，文言文的许多元素，其实都还存活在现代汉语的词汇、成语、典故之中，学生并非完全陌生。所以小古文的教学一样可以自读为本，教师只是稍加帮助，唯此，才大有益于学生自学能力的培养。

二、聚焦重点，引导学生质疑

学生质疑，同样应尽力避免处处用力。不是重点的部分，教师可以添加“注释”助读得到解决，而重点的部分，往往同时也是文本的难点、疑点、力点的纠结处，在这里，学生才最应该质疑，也最可以质疑。

季科平老师预案中的“三、谈古论今，展开质疑阅读”，正是教师教学智慧的集中体现。她让学生找文中直接点明课题的一句话（“子期死，伯牙谓世再无知音，乃破琴绝弦，终身不复鼓”），并鼓励大家要“积极动脑，试着读出自己的问题来”。这一引领至关重要，把学生的思考聚焦到课文的重点所在。在逐步培养学生质疑能力的过程中，这样的循循善诱是完全必要的。这就保证了阅读质疑的指向正确、重点突出，使质疑式童真课堂的建范，有了根本性的保证。

三、提升问力，深化提问方法

把学生的阅读质疑指向引入到课文的重点所在，虽然很重要，但学生还不一定就会有高质量的问题提出。这是因为“质疑”是一种重要的学习能力，这种能力也需要在教师的引导下，在学习实践活动中慢慢提升。所以当学生对课文的重点处笼统地提出了“为什么”或“什么是”的所谓问题时，其实学生还没有闹明白自己想问的究竟应该是什么。所以，当学生提出“为什么要‘破琴绝弦’”时，并没有真正明确要问的问题。在这关键的时刻，教师就可以追问来深化提问方法，即问题要具体，说出你自己想说的实质。如“你是不是觉得砸了这个琴太可惜了，它应该很值钱。知音死了确实很悲痛，但把琴砸了，不是损失更大了，更犯不着了……”这样的引导，方能真正激发学生的深度思考，把质疑具体化，也更有针对性。

四、合作解疑，丰富阅读心得

在问题明确以后，还得让大家进一步思考，以深读文本来合作解疑。季老师在学生对“世上无知音”质疑时，顺势让大家再读“伯牙所念，钟子期必得之”的深刻含义，从而明白“知音”难求的道理——它不是一般的深情厚谊。又如在学生质疑“破琴绝弦，从此不复鼓”时，又适时点化：大家的疑问集中起来是觉得伯牙这样做损失更大了，不合算。讲合算不合算是从“实用价值”考虑的，而伯牙对钟子期的知音之情，是在“精神价值”上的追求。同时又运用“反证法”：如果伯牙在知音离世以后，还是照样弹他的琴，过他当宫廷琴师的小日子，这个故事还会流传到几千年后的今天，又如此感动我们吗？这是十分富有说服力的答案，这样的答案对于提高学生对审美价值的认识，对精神价值的认识，无疑有着十分重要的意义。

质疑——“童真课堂”深度阅读的推力！让学生在学会学习的过程中，运用理性思维展开自主质疑，通过主动积极的思维活动促进深度阅读。在探究解疑的阅读过程中丰富学生的阅读心得，加强其人文底蕴的积淀，促进其科学精神的培育。

8

自主思辨，实现“产生性”阅读

——六年级下册《浣溪沙》教学

教学设想

近代著名学者王国维在《人间词话》中对苏轼的词有一个总体的评价“东坡之词旷”。苏轼的《浣溪沙》便是一首极好的代表作。这首词苏轼写于公元1082年的春天，也就是他因“乌台诗案”被贬到黄州之后的第三年。按理说苏轼被贬黄州任团练副使，这在他的政治生涯中，是一个重大的打击。然而这首词却在逆境中表现出一种乐观向上的精神。清代著名词家陈廷焯在《白雨斋词话》中曾这样评价这首词：“愈悲郁，愈豪放，愈忠厚，令我神往。”

《浣溪沙》上阕写景，景色如画：山脚下溪边的兰草才抽出嫩芽，浸泡在溪水之中。松间的沙石小路经过春雨的冲刷，洁净无泥。时值日暮，松林间的杜鹃鸟在潇潇细雨中啼叫。下阕抒情，融入哲理：谁说人老了就不会再回到年少的时光呢？看一看，门前的溪水还能向西流淌。因此不必因时光的流逝而烦恼，也不要以白发之身感慨时光的流逝。词的前面还有一句小序，交代了创作背景：游蕲水县的清泉寺，清泉寺临近兰溪旁，溪水自东向西而流去。

我着力想让孩子们通过自主真学，来深入体会苏轼老当益壮、豁达奋发、积极乐观的思想境界，来自然落实中华优秀传统文化的传承。补充辅助资料，搭建自主真学的支架；提出思辨节点，指明自主真学的路径；提供更多可能，展开自主真学的过程；链接文化作品，实现自主真学的文化传承。我努力让学生自然经历一个从读进去到读出来的真实过程——读进去，读懂《浣溪沙》，在逆向思辨中读出苏轼豁达积极的人生境界；读出来，链接自己，创意表达，传递出自己真实的人生启示。

教学实录

课前预热：老师教学生“回答”“让答”“补充”“提问”这几个举手姿势，让学生学着“用小手说话”，传递真实的学情。

一、未成曲调先有情——链接经典，营造氛围

师：同学们，这是中央电视台《经典咏流传》节目的画面，它用演唱的方法重新演绎经典诗词，让我们一起感受一下。

（师生一起观看《经典咏流传》的节目视频片段——歌手演唱《浣溪沙》）

师：词最初称为“曲子词”，也叫长短句，每一首词都有词调，都是可以演唱的。刚刚演唱的那首词是——

生：《浣溪沙》。

师：《浣溪沙》是词牌名，大家还知道哪些词牌名呢？

生纷纷回答：《满江红》《渔歌子》《卜算子》《雨霖铃》《蝶恋花》《如梦令》等。

师：每一首词都有词牌名，但每一首词不一定有题目。我们今天要学的《浣溪沙》就只有词牌名，没有题目。这首词的作者是——

生：苏轼。

师：让我们一起来了解一下苏轼。

自学资料单（一）

> 苏轼（1037—1101），字子瞻，号东坡居士，宋代著名文学家、书画家。与其父苏洵、其弟苏辙并称“三苏”，苏轼在诗、词、文、书、画等方面都取得了很高的成就。

师：可以说，苏轼是一位全才。今天，我们就一起读读他的这首《浣溪沙》。

二、无疑处须要有疑——链接朗读，激起疑问

师：刚刚了解到大家课前已读过这首词，那现在我们就自由地、大声地读一遍吧。

师：谁来读给大家听一听？

（指名一生朗读）

师：读得非常流畅。谁来读一读上阕？

生：山下兰芽短浸溪，松间沙路净无泥，萧萧暮雨子规啼。

师：读了上阕后，下阕就简单了。

生1（有点急）：谁道人生无再少？门前流水尚能西！休将白发唱黄鸡。

师：读得慢一点，再试试。

生1（放慢了速度）：谁道人生无再少？门前流水尚能西！休将白发唱黄鸡。

师：我们一起来合作一下，我读上阕，你们读下阕。

（师生合作朗读）

师：同学们也来合作一下，这边的同学读上阕，那边的同学读下阕。

（生生合作朗读）

师：这首词除了上阕和下阕，好像还多了这一行文字，谁来读一读？

生：游蕲水清泉寺，寺临兰溪，溪水西流。

师：从这里你读出了什么信息？

生：苏轼去蕲水清泉寺游玩，寺在兰溪的旁边，溪水是向西流动的，不像一般的溪水那样。

师：一般的溪水都是——

生：向东流的。

师：溪水西流是一个奇特的自然景象。这一排文字，它叫小序。我们

一起把小序读一读。

（学生齐读小序，读后有一生举手）

生：这首词是苏轼的感兴之作。

师：把掌声送给他。学习就要这样，想到了什么，就要把它说出来，和大家分享。

师：那么苏轼是在怎样的大背景下写下这首词的？请你快速默读资料（二）。

自学资料单（二）

公元1079年，因诗中有所谓的“讥讽朝廷”之语，苏轼被罗织罪名冤枉入狱，受牵连者达数十人。这就是北宋著名的“乌台诗案”。

苏轼被关在狱中整整四个多月，他受尽了非人的折磨。当时比邻关押的苏颂听到狱吏审讯东坡，写下了“诟（gòu）辱通宵不忍闻”的诗句——苏轼被通宵侮辱、摧残到了其他犯人听不下去的地步。苏轼以为自己会死在狱中，甚至写下了绝笔诗。

公元1080年初，苏轼死里逃生，被贬到偏僻的黄州担任团练副使。这个职位相当低微，且不许“签书公事”。苏轼遭遇了人生中的第一次被贬，这在他的政治生涯中，是一个重大的打击。

作为一介贬官，并无官舍供他居住，他正常的俸禄早被剥夺，官府只是给他按时发一点微薄的物资。这对于苏轼一大家子二十多口人而言，实在是杯水车薪，生活一下子陷入了窘困之境。

师：“入狱”“非人的折磨”“被贬”“窘困”，一般人处于这样的境地，会怎么样？

生1：如果是我的话，感觉要崩溃了。

生2：一般人都无法面对这样的境地，都会很绝望。

生3：一般人遇到这种情况，会一蹶不振，郁郁寡欢。

三、大珠小珠落玉盘——链接词境，展开思辨

师：苏轼是这样的人吗？让我们借助注释，试着自己去读懂《浣溪沙》。圈圈、画画文中的重点词（或标点），想想、写写自己读出的关键词，去其中寻找一个又一个的理由来证明。

（学生开始充分的独学，教师巡视，并悄声引导）

师：现在请你把自己读懂的说给同伴听一听，平常不太说的同学先说，另一个同学补充。

（学生展开对学，很是积极）

师：通过和同伴对学，你肯定更有自信了。

生1：我们可以从“松间沙路净无泥”这里看出。“松间”一般会让人想到很美好的景象，但黄州是一个很偏僻的地方，苏轼能在这里看到这样的美景说明他没有自暴自弃，反而喜欢上了这里的生活。后面的“萧萧”和“子规”也是很美的，也能体现他内心的乐观。然后从下阕中我们可以……

师：不好意思，季老师要打断你了，要不然你一个人把什么都讲了。我要提醒一下，一个同学来交流，就讲其中的一点，把另外的机会让给其他同学。

生2：我的想法和他不太一样。下雨的时候，天气都会比较阴冷。看到下雨天，我们心情也会不太好。但苏轼被贬黄州又遇上“萧萧暮雨”这样的天气，却仍然能保持乐观积极的心态。我很佩服他！

师：你从这里读出了苏轼的——

生2：乐观、积极、阳光的心态。

生3：我有一点补充。前面的同学说了“萧萧暮雨”，我觉得“子规啼”在一定程度上带有一点凄凉。因为有一个典故叫“子规啼血”。

师：把掌声送给他，因为他能够结合自己的积累来学习。一般来说，“子规啼血”是有点凄凉的。那我们来看看苏轼描写的景，谁能用自己的语言

来描述一下?

生：山下初生的兰芽浸润在溪水中，松间的沙路干净得没有一点泥土，在萧萧的暮雨中，子规啼叫着。

师：仔细看看，这是什么季节的景象?

生（齐）：春天。

师：如果让你用一个四字词语来概括，你会用哪一个?

（在交流的过程中，请学生板书四字词语）

生1：生机勃勃。

生2：万物复苏。

生3：我觉得这样的景色是十分怡人的，我想到了“景色怡人”。

师：把这样的美景美美地读出来吧!

（生齐读上阕，读出了美感）

师：一切景语皆情语！景中寄托着苏轼的情，苏轼的情刚才已经有同学说到了，你说他——

生1：乐观积极的阳光心态。

生2：我觉得他是豁达的、开朗的。

师：原来读“景语”的时候，我们还可以读出他的“情语”。请刚才的几位同学把读出的“情语”板书到黑板上。

生3：我觉得“谁道人生无再少？”写出了苏轼认为自己还能回到过去……

师：不要这么急，好吗？先把读懂的说给大家听听，因为有些同学还不一定懂。

生3：“谁道人生无再少？”意思是谁说人生就不能回到少年时代？“门前流水尚能西！”的意思是门前的流水还能往西流去。我感觉这两句话写出了苏轼认为自己还能回到过去，可以重新再来。

生4：而且这里苏轼运用了反问的修辞手法，语气就更为强烈。我还感受到了他的一种不屈向上的精神。

师：请你读一读这句话。

生 4（语气强烈）：谁道人生无再少？

生 5：古诗词里一般句号和逗号比较多，但这里“门前流水尚能西！”用的是感叹号，还有从“尚”这个词，我也感受到苏轼十分的激动。我觉得他其实也是在激励自己，让自己不要一蹶不振。

师：把掌声送给她，她关注了标点，关注了重点词，读出了自己的感受。

生 6：苏轼借了“门前流水”来抒情，以“门前流水”自喻，说门前流水都能往西流，自己将来也可以重回官场。

师：嗯，可以回到少年时代，可以回到官场，可以再有更大的作为。那么，真的可以返老还童吗？

生 7：苏轼这时年事已高，而且被贬了，但是就像“老骥伏枥，志在千里”，他认为可以老当益壮，人老了还可以有年轻的精神，干出一番大事业。

（交流的过程中一直请学生上来板书关键词，一学生上来发现前面有同学把“自我激励”的“激”写错了，马上想修改。）

师：你不能直接帮她改，请她自己来。如果她不会，你做小老师教她，让她自己改正。

（两学生在黑板前板书、修改，其他同学继续进行交流）

生 8：虽然现在他被贬，但是他相信自己以后肯定还会东山再起。

师：苏轼对自己充满了信心。我们连起来读一读这两句词，请你关注它的标点。

生（齐读）：谁道人生无再少？门前流水尚能西！

师：最后一句大家都没讲到，这一句确实有点难，我先为大家提供一个资料。

自学资料单（三）

> "唱黄鸡"来自白居易的"黄鸡催晓丑时鸣"。丑时指凌晨1点到3点，意思就是说，黄鸡催天亮，凌晨就打鸣，比喻时光流逝。白居易在感叹人生易老。

师：白居易在感叹人生易老，那么苏轼呢？你是"让答"的，已经有过好几次机会了。其他没有过机会的同学把手举高。"让答"的几位同学非常了不起，说明在刚才学习的过程中一直在积极参与。

生1：我认为苏轼正好与白居易的想法相反，他没有因为老去而悲叹，而是胸怀大志，还想为朝廷做贡献。

师：你能不能把这句词的意思也讲给大家听一听？

生1："休将白发唱黄鸡"的意思就是不要因老去而悲叹。

师："休"的意思就是"不要"。白居易感叹人生易老，刚才那位同学讲到了，苏轼是反其意而用之。

生2（补充）：苏轼不服老。

师：对，这是苏轼不服老的青春宣言！同学们，学到这里，我们读出了上阕的画面，还读出了这么多的感受，实际上这就是一个又一个的理由。

四、向青草更青处漫溯——多方链接，传承文化

师：下面，请你默读"自学资料单（四）"，前后联系着想一想，你又会有新的认识。

自学资料单（四）

> ①这首《浣溪沙》写于元丰五年（1082）三月，也就是苏轼被贬到黄州后的第三年。
>
> ②元丰五年（1082）三月七日，苏轼与朋友在沙湖道上赶上了下雨，拿着雨具的仆人先前离开了，同行的人都觉得很狼狈，只有苏轼不这

么觉得。过了一会儿天晴了，他就写下了一首流传千古的词《定风波》。其中最后一句是“回首向来萧瑟处，归去，也无风雨也无晴”。意思就是：回头望一眼走过来的风雨萧瑟的地方，我信步归去，不管它是风雨还是放晴。

③清代著名词家陈廷焯这样评价苏轼的这首《浣溪沙》：“愈悲郁，愈豪放，愈忠厚，令我神往。”

④近代著名学者王国维在《人间词话》中对苏轼的词有一个总体的评价：“东坡之词旷……”（“旷”的意思是开朗，心境开阔）

师：还没有发过言的同学把手举高。

生 1：我的感觉就是他坚定自己的信念……

师：你先告诉大家，你是结合哪一个小资料来谈认识的。

生 2：我是结合第②个小资料《定风波》中的词句。我从这里读出了他坚定的信念——无论被贬官了还是得升官了，无论贫穷还是富贵，他都有自己坚定的信念。

师：你读出了坚定的信念，苏轼面对一切，很坦然。

生 3：从《定风波》“回首向来萧瑟处，归去，也无风雨也无晴”可以看出，苏轼不论前途多么风雨交加，他都勇往直前，不畏艰险。

师：现在提高一点要求，谁能结合两个资料谈一谈？

生 4：我结合的是资料③和资料④，就是两位名人评价苏轼的词。读了评价，我更可以从《浣溪沙》里看出苏轼豁达开朗，被贬后还是很有信心，内心很强大。

师：非常了不起，她结合了两个资料，还联系了《浣溪沙》这首词。

（在交流的过程中，请学生提炼关键词——板书）

师：好，现在请大家把自己读出来的认识说给同伴听一听。

（学生兴致勃勃地展开同伴交流）

师：同学们，学习就是这样，老师给你提供一个又一个的资料，你自己学得越来越深入。满满的一黑板，都是我们自己读出来的。苏轼是一位文学家，他写下的这首词，让我们读出了这么多的感动，也受到了不少启发。现在请你拿起笔，把自己受到的最大的启发用文字表达出来。

（学生认真地书写启发，教师巡视了解学情）

师：这节课还没有发过言的同学把手举高，抓住最后的学习机会。

（师请三位第一次举手发言的同学来交流）

生1：不管遇到什么困难，都要抱有乐观向上、豁达开朗的心态，不能因为一次挫败而一蹶不振。

生2：我们不能因为一点磨难就被打倒，只要拼尽全力与困难作斗争，就可以成为最好的自己。

师：你现在已经做了最好的自己，在最后时刻，把手高高地举起。

生3：无论在多么困难的处境下，都要乐观坚强地面对，前途风雨无限，信步归去，回头是晴。

师：真了不起，她还巧妙地化用了资料里的词句。有没有同学觉得自己写得特别好，非读不可。

生4：在面对逆境时，心胸也应保持开阔。无论前途是否光明，也要豁达向上，不要在意他人冷眼，正如但丁所言“走自己的路，让别人说去吧”。

师：确实是“非读不可”。全体起立，请每一位同学把自己写下的启发自信地、响亮地读出来。

（全体学生起立，朗读自己写下的启发）

师：苏轼不仅是个文学家，还是一位书画家。我特意请青年书法家丁炯涛将《浣溪沙》写成了书法作品。你还认识吗？让我们把自己的全部感受融入朗读，通过声音传递出来。

（师生有感情地朗诵《浣溪沙》）

师：同学们，我们也可以学着书法家的样子去创作一幅硬笔书法作品，随着我们的书写，将苏轼的精神刻进我们的心里，照亮——

生（一起主动接话）：照亮我们的前路。

专家评点

以学为本——古诗词教学的新进阶

周一贯

古诗词教学因为有时代和言语的隔阂，应以教为主，似乎已成定则。然而“十四五”规划提出了新时代教育须“高质量发展”的要求，我们自然就会思考和探索：古诗词教学一样需要“以学为本”的新进阶。特级教师季科平执教的本案正是从这方面给我们以深刻的启迪。

一、提供“资料单”，以学代教

本案中引人注目的一点是由教师提供的资料单成了儿童自学贯彻始终的得力助手。资料单里不仅有作者介绍、典故解释，还有创作背景（苏轼的遭遇）、对比诵读的词作、名家的评点，等等，更重要的是还有可以写下读后启发的留白。这种对资料单的综合性、创造性地运用，不由得让我们想到了以前大学教授为学生编写的讲义——大学生以自学研读为主，教授的引发指导多以提供讲义的方式体现。现在小学生在自主阅读中运用资料单，其实就是培养他们在自学中独立阅读和运用资料的能力，为实现以学代教明确路径。

前面三个资料是单独的，其指向十分明确。而第四个资料却是综合的，里面包含四个小资料。课堂上，学生根据自己的理解可以任意组合资料，读出自己新的认识，推进思辨的进一步深入。这样多功能的资料辅助便具有了更多的结构性和创造性。

二、介绍“生死劫”，点讲词意

本案的这首词，并不容易真正读懂。如何实现以学为本？关键就在于让学生了解苏轼的生平遭遇，为破解疑难指点迷津。为此，教师在让学生自读“资料单（二）”（苏轼的遭遇）中，特意圈点出了“入狱”“非人的折磨”“被贬”“窘困”等这些体现沉重打击的关键词。然后以此激起学生的疑问，引发逆向思辨。一般的人面对这样的境地，会崩溃，会绝望，那么苏轼是这样的人吗？

让学生借助注释自主读解《浣溪沙》，然后展开同伴对学，把自己读懂的讲给同伴听，让学习真正落到实处。群学时，选点交流“你读懂了哪一句”，这就为化教为学创造了条件。于是课堂上，群体的“读懂一句”的交流价值，融合成了“读懂全词”的整体效应。这显然是打通古诗词自读的“任督二脉”。

三、“景语”即“情语”，板书“批点”

让学生在教师的引领下自读本首《浣溪沙》的难点，在于揭示作者在词作背后的寄托。“一切景语皆情语”，也就是词作言辞背后皆有作者的“寄意”。教师机智地让学生在自主解读的过程中，把隐含的“寄意”一一写在黑板上。如上阕的“生机勃勃”“万物复苏”“景色怡人”等，下阕的“不屈向上”“自我勉励”“老当益壮”“信念坚定”“豁达开朗”“积极乐观”“坚定自信”……这些词语无疑在读解的过程中起到了画龙点睛的作用，其实就是学生自主解读写下的“批点”。

满满的一黑板，都是学生自己读出来的，而且都是学生自己板书上去的。当所有的“批点”融合在一起，便汇成了强大的力量。这就是苏轼借助《浣溪沙》传递出来的精神力量。

四、书写读后感，深化思辨

让学生自主解读《浣溪沙》是逐步推进的，从读懂物境到读出意境，再到反证心境。这难免会有碎片化、不成体系之嫌。所以最后让学生书写“读后感”（自己受到的最大启发），不仅是为了帮助学生梳理感受的系统性，也为了可以进一步有总揽全局的深化思辨，更重要的是让学生经历了读出来、读出自己的过程。当我们读着学生写下的感言：“无论在多么困难的处境下，都要乐观坚强地面对，前途风雨无限，信步归去，回头是晴。”心中便有更多的欣慰。

不管学生写的是多是少，都是学生最真实的思辨表达，苏轼的精神已悄然地刻入了学生的心田，自然也会照亮他们的世界。从这个意义上说，此处的书面表达具有了更大的价值，无疑是自学全程中的点睛之笔。

这节课充分体现了特级教师季科平自己提出的“童真语文”的教学思想精髓：不忘童心，让儿童成为学习的主体；不忘真心，让学习成为课堂的中心。从课始到课终，她始终关注每一个儿童，努力创造条件实现全员参与；从课始到课终，全面体现“以学为本”，实现全程自主真学。这节课堪称是通过古诗词自主传承中华优秀传统文化的一个范例。

三 整本书阅读

9

我们都可以做最好的自己

——“《窗边的小豆豆》共读交流会”教学

教学设想

《窗边的小豆豆》讲述了作者黑柳彻子童年时期的真实故事：淘气的小豆豆被原学校退学后，来到小林校长主持的“巴学园”。六节废弃不用的电车车厢是巴学园的教室；“海的味道”和“山的味道”是巴学园的午餐；上午学习自己喜欢的科目，下午散步、学习地理和自然，这是他们的课程安排……在小林校长的爱护和引导下，小豆豆无拘无束地发展了阳光一般灿烂的天性，成了一个充满魅力的人。巴学园里亲切、平和的教学方式使这里的孩子们度过了人生最美好的时光。

《窗边的小豆豆》是孩子们特别喜欢的书，我曾经在自己原先带的毕业班里做过一次调查：小学阶段，自己读过的最喜欢的课外书是哪一本？有 70% 的孩子选择的就是这一本。小学里，孩子看过的课外书有不少，为什么这一本会给孩子留下这么深刻的印象？近些年，我带着每一届的孩子读《窗边的小豆豆》，与孩子聊书时，有一个答案惊人地相似，那就是喜欢巴学园，喜欢小林校长。正如好书推荐语中写到的那样：《窗边的小豆豆》不仅适合孩子看，还适合家长看，也适合老师看。每个人看这本书，都会知道人生的味道！每个人都能在这本书里找到自己阳光灿烂的童年，每个人都能做最好的自己！

为什么选择这样的方式上课？可以说这是一种全新的课型——“家校共读交流会”。它建立在“家校共读”的基础上，教师、家长、学生共读一本书，学生在学校里和同伴一起读，和老师一起读，回到家里和爸爸妈妈一起读。读完后一起走进“共读交流会”，这是一个开放的课堂，课堂里有孩子、家长，还有听课老师。课堂里，大家一起聊巴学园、聊小豆豆、聊豆妈、聊小林校长……孩子或许更关注小豆豆在巴学园那阳光灿烂的童年，家长或许更关注豆妈的那份耐心，听课老师更关注的或许是小林校长的学生观、教育观。在聊书的过程中，大家一起回忆内容，联系背景，呼应前后，链接内外，发现自己……每一个人都可以在这个课堂里得到属于自己的收获。这样的影响不仅仅是在课内，还在大家的心中播下一颗种子——一颗阅读的种子，一颗“可以做最好的自己”的种子。每一个人都可以做最好的自己，孩子可以，家长可以，老师也可以。这颗种子会生根发芽，会抽枝长叶，会产生持续的影响。让每一个人朝着自己的方向去努力，去历练，去成长。

这种“家校共读交流会”的课堂是对传统阅读课堂的突破，实现了从对语文本体的实践到核心素养培育的统整联动，学校教学也因此有了更多向家庭、向社会的辐射作用，同时也扩大了阅读效果，产生持续的教学影响。

教学实录

【课前预热】

师：今天的课堂是一个开放的课堂，课堂里有我们，有爸爸妈妈，还有后面听课的老师。对我们来说，上课是普通的事情，但对爸爸妈妈来说，或许他们会有点紧张，让我们先鼓励鼓励他们！

生1：爸爸，你不用担心，因为课堂是允许出错的，你尽管大胆点。

生2：爸爸，你不必紧张，因为课堂是允许出错的地方，你只要把自己的真实想法说出来就可以了。

生3：老爸，你不要担心，你一定可以的！

生4：爸爸，你不用担心，课堂上是允许出错的，让我们一起学习哦！

生 5：妈妈，大胆地说出你的想法，加油！

一、说说巴学园的特别之处

师：“共读一本书，同上一节课”，这段时间，我们共读的是——

生（齐）：《窗边的小豆豆》。

师：今天同上一节课，上的就是——

生（齐）：《窗边的小豆豆》共读交流会。

多媒体出示：

> 这本书讲的是
>
> 一所小学
>
> 和在那里上学的
>
> 一个女孩子的
>
> 真实故事
>
> 故事发生在
>
> 第二次世界大战结束前的东京

师：这个小女孩叫——

生 1：她叫小豆豆。

生 2：她也叫黑柳彻子。

师：小豆豆上学的那所学校叫作——

生（齐）：巴学园。

师：那就让我们接着来说说巴学园的特别之处吧。

生 1：巴学园的教室是电车做的。

生 2：巴学园可以自己选课。

生 3：巴学园，下午学生可以去散步。

生 4：我有补充，小豆豆他们上午做完了所有的功课，下午可以去散步。

生 5：他们是边散步边学习，他们去散步不是单单为了玩，他们在玩中学。

生 6：巴学园里只有 50 多个学生。

生 7：巴学园里的学生都有一棵属于自己的大树。

师：除了泰明，是吧？泰明爬的是小豆豆的那棵树哦。

生 8：巴学园会在暑假里组织学生去搞活动，有露营、试胆量、温泉旅行等。

生 9：他们的游泳馆很好，学生可以在那里游泳。

生 10：巴学园的大门是两棵树，树上挂着牌子，写着“巴学园”三个字。

生 11：巴学园的午餐，要先唱“饭前歌”，然后说：“我吃啦。”才开始吃饭。

生 12：巴学园的午餐有山的味道、海的味道。

生 13：我有补充，山的味道、海的味道，最简单的是紫菜和梅子干。

师：这真是特别的巴学园！在阅读的过程中，我们还写下了自己的感受，其中有不少是儿童诗，让我们一起来分享一下。

多媒体出示：

巴学园

我向往
我向往巴学园的吃饭
山的味道，海的味道

我向往
我向往巴学园的学习
可以随意挑选课程

我向往
我向往巴学园的游泳
光着身子也可以

> 我向往……
>
> 如果能成为那里的学生
>
> 该多好
>
> （作者：李泽瑜）

（小作者李泽瑜同学站起来有点紧张地为大家读儿童诗）

（多媒体出示孔陈芳同学的《我向往的巴学园》，她通过朗诵传递了这份向往的情感；多媒体展示徐尔彤同学和吴佳慧同学的《奇怪的巴学园》，她们为大家深情地朗诵自己的儿童诗）

师：一样的题目，但写出了不一样的儿童诗。有一位小朋友可以说是我们班写儿童诗的第一人，是他带动了我们大家开始写儿童诗。他是

生：王健。

师：我们有请王健同学，请他把那首儿童诗的最后四句读给大家听。

生：当我睡不着时，就会翻开你——《窗边的小豆豆》，希望做个好梦。我也来到了巴学园……

师：在阅读的过程当中，每个小朋友都写了自己的感受，或者是一段话，或者是一首儿童诗。来，把你的读书卡拿出来，和同桌分享吧。

（同桌分享读书感受）

二、聊聊小豆豆这个孩子

师：有这么一首儿童诗，它的题目也是《巴学园》。

你看，你看，这里有一所学校。小男孩说：巴学园，破学校，走进去一看，还是破学校。小豆豆说：巴学园，好学校，走进去一看，还是好学校。

师：是啊，这是施凯威同学写的一首儿童诗。他非常巧妙地链接了书上的内容“巴学园，好学校！走进去一看，还是好学校”。小豆豆是如此爱自己的学校。那么接下来我们就来聊聊小豆豆这个孩子。

生 1：我觉得小豆豆很天真。因为她一会儿想当艺人，一会儿想当间谍，还想当电车的售票员。

师：嗯，甚至还想当芭蕾舞演员。后来还想当巴学园的老师。请你把“天真”写到黑板上。我们就这样展开交流，首先用一个词告诉大家小豆豆是一个怎么样的孩子，接着具体说明，然后把关键词板书在黑板上。

生 2：我觉得小豆豆很调皮。（学生边说边做动作）小豆豆的桌盖可以翻起来，她把东西拿出来、放进去，翻开、盖上，盖上再翻开，就这样弄个不停。

生 3：小豆豆是个好奇的孩子。她刚进巴学园的时候，看见了教室就飞快地跑过去；她很想跟校长说一说，马上又想跑进去……

生 4：我觉得她是个好动的孩子。什么东西都想去试一试，摸一摸。

生 5：我觉得她是个很爱说话的孩子，第一天到巴学园，就跟校长说了四个小时。

生 6：我觉得她是个热情的孩子。她到学校会主动跟同学们打招呼。

生 7：我觉得小豆豆是个古怪的孩子。因为她又想做间谍，又想做宣传员，又想做售票员。

师：刚才谁说的，用这个事例来说明小豆豆是个天真的孩子。每个人读出了自己的不同感受。

生 8：我觉得小豆豆她很听话，因为她有一个蝴蝶结，她戴着到学校去，小林校长的女儿美代看见了也想要一个，然后，校长就对小豆豆说：“你明天别戴了，可不可以？”第二天，小豆豆就没有戴了哦。

师：大家看看，我们孩子的目光里带有爱。接下来，我们请家长朋友来聊一聊，在你的眼里，小豆豆又是个怎样的孩子？

家长 1：我觉得小豆豆是个非常有爱心的孩子。她有一个好友叫泰明，患有小儿麻痹症，小豆豆帮助泰明爬上了自己的那棵树，让泰明感受了爬树的快乐、冒险的快乐。

家长 2：我觉得小豆豆是个好孩子。她每做一件事，都会很努力，而且她很善良。她买来树皮，她让每个孩子、每个老师都尝了树皮，甚至那个洛基她都不放过。她想知道别人都是健康的。

家长 3：我觉得小豆豆知错能改。她有一个坏习惯，就是上厕所老是喜欢往下面看，最后一次，钱包掉下去了，她为了找钱包，做出了难以想象的事情——淘粪，直到自己筋疲力尽。钱包虽然没找到，但她有一个收获就是改变了这个坏习惯。当时她也按照校长的要求，恢复了原状。

（在家长交流的过程中，孩子负责把关键词一一板书）

三、想想小豆豆的妈妈

师：（指板书）面对小豆豆这样一个真实的孩子，小豆豆的妈妈是怎么做的呢?

生 1：小豆豆一年级退学的时候，她妈妈不但没有骂她，而且还鼓励她。

生 2：她妈妈去帮她找学校的时候，四处奔波，后来终于找到了适合的好学校。

生 3：如果小豆豆的妈妈告诉她“退学”这件事，小豆豆看到树的大门、电车的教室就不会那么兴奋了。她妈妈直到她 20 岁才告诉她，她其实是退学了。

师：是，她妈妈一直藏着这个秘密，让小豆豆享受童年的快乐。

生 4：小豆豆的妈妈第一次给小豆豆准备午餐的时候，就准备得非常丰盛。

生 5：当小豆豆不停地犯错的时候，妈妈没有骂她，而是一次次地告诉她遇到事情该怎么做。

师：接下来是爸爸妈妈交流的时间。在看《窗边的小豆豆》这本书的时候，我想作为家长，你肯定不会忽略小豆豆妈妈这个角色。

家长 4：说实话，小豆豆是个令人头疼的孩子。我觉得她妈妈很有耐心，做每一件事情，妈妈都给小豆豆一个学习的过程，还有一个改变的过程。我觉得我在跟儿子相处的过程中，应该也要耐着一点性子，多听听他的话，多看看他的行动，不要过早地给他下一个结论，让他在这个过程中自己知道哪些是对的，哪些是错的。

家长 5：我觉得，我们作为家长，应该要摆正态度，要用宽容的心对待孩子。小豆豆犯了那么多错误，她的妈妈从不放弃，一直在那里坚持，努力用正确的方法去引导。我想，我的孩子，平时她也会犯错，我在问自己有没有足够的宽容，有没有足够的耐心，去蹲下来听孩子的话，用正面的力量去引导她，让她不断地进步。今天我想说，哪怕你做错了 100 次，我都会努力有 101 次的鼓励。

师：严诗婷同学的爸爸说出了一个非常重要的意思，那就是做最好的自己。小豆豆正是因为有了这样耐心的妈妈，她也做了最好的自己，让我们一起看书的封底。

（指名学生读封底，了解黑柳彻子的成就）

四、谈谈巴学园的小林校长

师：在巴学园里面，除了小豆豆，还有很多另外的“小豆豆”。请你翻到书的后记，看看高桥君长大以后干什么？美代呢？朔子呢？阿泰呢？大荣君呢？现在让我们用跳读的方法捕捉有用的信息。

（生跳读捕捉相关信息并展开交流，了解其他“小豆豆”长大后的信息）

师：这些“小豆豆”的成长跟小林校长是分不开的，小林校长的哪一件事给你留下了最深刻的印象？

生 1：小林校长他很爱小豆豆。大荣君在抓小豆豆辫子的时候，小豆豆哭着跑去校长的办公室。校长就跟她说不要哭，小辫子还是这么的好看。校长还教育大荣君要尊重女孩子。

生 2：小林校长让小豆豆他们一起游泳，还告诉大家：无论什么样的身体都是美丽的。

师：像这样，对孩子启发很大的话，小林校长还说过好些。

生 3：小林校长还经常对小豆豆说“你真是一个好孩子”。

师：小林校长一直对小豆豆这样说，或许正是这句宝贵的话，奠定了小豆豆一生的基础。所以，请老师们也学着小林校长那样，能够经常对孩子们说说这句话。跟我一起说：“你真是一个好孩子。”

全体老师（齐读）：你真是一个好孩子！

师：这样宝贵的话，会让我们每一个孩子都得到鼓励，都能够做最好的自己。

生 4：小林校长还对孩子们说过“你们大家都是一样的，无论做什么事情，大家都是一样的”。

师：把其中的“你们”改为“我们”。小朋友一起来——

生（齐读）：我们大家都是一样的，无论做什么事情，大家都是一样的。

师：大家都是一样的，都可以做最好的自己。小林校长的教育思想蕴含在这段话中，他说：“无论哪个孩子，当他出世的时候都拥有优良的品质，在他成长的过程中，会受到很多影响。有来自周围环境的影响，也有来自成年人的影响。这些优良的品质可能会受到损害。”所以，首先是我们的家长朋友，让我们一起来——

家长（齐读）：所以我们要早早地发现这些优良的品质，并让它们发扬光大，把孩子们培养成富有个性的人。

师：当每一位家长带着殷切的期望把孩子送到我们学校的时候，我们每一位老师都要这样。老师们，让我们一起来——

老师（齐读）：所以我们要早早地发现这些优良的品质，并让它们发扬光大，把孩子们培养成富有个性的人。

师：如果我们大家都这样努力了，每一个孩子都可以做——

全场（齐）：最好的自己。

师：难怪小豆豆这样感动，小林校长对小豆豆的影响可以说是巨大的，所以小豆豆把这本书献给已逝的小林宗作老师，可以说每一位老师对孩子的影响都是不可低估的。

五、写写我们的心里话

师：我们发现这本书适合孩子读，适合家长读，还适合老师读。我们多么希望，更多的人能去读这本书。接下来，请孩子们为这本书写写推荐语。家长呢，就为孩子写写鼓励的话语。

（学生在“读书卡”上写推荐语；家长在“心愿卡”上写鼓励的话语）

生1：想看看不同的教育方法吗？想看看一个一年级就退学的女孩儿在巴学园里有着怎样的美好童年吗？请你看看《窗边的小豆豆》吧。相信你能在这本书里读到很多有趣的故事。

生2：每个人看这本书时都会知道人生的味道。每个人都能在这本书里找到自己阳光灿烂的童年。每个人都能做最好的自己。

师：说得真好，每一个人都可以做最好的自己。来，把自己写的推荐语大声地读出来！

（生大声朗读自己写的推荐语）

师：回去后，我们还可以做一张好书推荐卡，把推荐语写到上面，然后争取把推荐卡送出去哦。

师：接下来最后的时间属于我们的爸爸和妈妈，让我们请几位爸爸妈妈来读读他们的心愿。

家长6：魏同学，你就是爸爸妈妈身边的小豆豆，我们为你自豪，我们一起做最好的自己。

家长7：孩子们，我们每个人都有自己的优点，希望你们把优点保持下去，发扬光大，努力做最好的自己，加油吧！

师：好，请所有的家长把心愿卡贴到展板上。

（家长纷纷上前贴心愿卡）

师：做最好的自己，我们都可以做最好的自己！孩子可以，家长可以，老师也可以！

专家评点

“童真语文”——基于儿童真实生活的统整联动

周一贯

特级教师季科平从事“童真语文”的主题研究已有好些年了。应当说，她以认真、深入和执着的治学精神，取得了不俗的成绩，已积淀了相当的影响力。她的“课堂是允许出错的地方”“教学目标的确定，从儿童的真学入手”“真学就得让儿童有独学、有对学、有群学、有延学”等主张和举措，把童真语文的重点直指课堂教与学的行为改变，这无疑是不错的起步选择。然而，刚刚听了“《窗边的小豆豆》共读交流会”这一课，我惊喜地发现童真语文正在从根本上将教学理念的锋芒，进一步指向教学目标和教学结构的改变，这无疑是试图让童真语文进入培养儿童核心素养的高品质教学，确实可喜可赞。

互联网时代正在深刻地改变着我们的思维方式。今天，人人“触网”，事事“触网”，处处“触网”，这并不仅仅是与数字化平台的交往，还有更深层的意义，是我们的思维品质也随之发生着质的飞跃，即认识到人的生命是整体的，我们的世界是整体的。教育的一切都应当以人的生命发展方向为靶向。语文教育当然也不例外，要基丁儿童的真实成长而做统整联动，将核心素养落实于儿童的语用实际。应当说，“《窗边的小豆豆》共读交流会”不只是家（家长参与课堂）校（名师工作室、教研组、教师投入教学全程）联动的新课型，而且是一种瞄准了提升核心素养的、基于儿童真实生活的统整联动。

一、从读“一篇课文”到读“一本书”的统整联动

语文课程的阅读教学，历来是读一篇教材选定的课文。这就导致学生因阅读量不足而严重影响语文素养的提升，同时也造成了课堂阅读（读一篇课文）和课外阅读（读一本书）的脱节。那么这两者可以在语文教学中统整联动吗？本案的课堂实践足以证明是完全可以的。季老师基本上把整本《窗边的小豆豆》作为课外亲子共读来推进，同时也相应地以课堂讨论来检查、交流，提升课外阅读活动的质量。如在本节共读课上，教师通过几个主要话题“说说巴学园的特别之处”“聊聊小豆豆这个孩子”“谈谈小林校长”，等等，组织了一堂真正以学生为主体的讨论交流课。如在交流小豆豆时，学生、家长畅谈对小豆豆的看法，提取关键词一一板书在黑板上。这样，伴随着大家的踊跃发言，黑板上也就出现了“天真”“活泼”“好奇”“调皮”“好动”“热情”“爱说话”等的评价。学生、家长以自己的阅读体会，充分展示了自己的读书收获。传统上以教师讲课为中心的课堂，变成了学生读一本书的畅叙，极大地丰富了学生的阅读实践活动，从根本上突破了教师讲读一篇课文的那种僵化程式。

二、从课内到课外全生活的统整联动

语文是思想的表达和交流，理所当然地成为人们生活交际的重要工具。于是，“语文学习的外延与生活的外延相等”成了人们的共识。如何让极其有限的语文课堂教学时间与学生课外、家庭和社会的语文生活相结合，无疑成为了语文教育工作者普遍关注的话题。季老师的这堂课就是从一纠结点出发来设计的。她首先把《窗边的小豆豆》这本书推介给学生和家长阅读，发现有同学把自己的阅读感想写成儿童诗后，她大加鼓励，因此引发了学生写儿童诗的热潮。如李泽瑜同学写的《巴学园》：“我向往 / 我向往巴学园的吃饭 / 山的味道，海的味道 // 我向往 / 我向往巴学园的学习 / 可以随

意挑选课程 // 我向往 / 我向往巴学园的游泳 / 光着身子也可以 // 我向往……/如果能成为那里的学生 / 该多好。”于是，在大家充分交流“巴学园的特别之处”后，季老师呈现了学生写的有关巴学园的几首儿童诗，巧妙地通过分享儿童诗梳理、提升了原有认识。在此基础上，季老师还让大家拿出“读书卡”，和同伴分享阅读感受。显然，这种注重生活中的语文活动，围绕一个学习中心（读一本书）的整合，既是让语文回归生活实际，又体现了对教育资源整体化的深度开发运用。

三、从教师到家长的统整联动

如果说父母是孩子的第一任老师，那么家庭其实就是学生的第一所学校。然而，在现实生活中，学校教育与家庭教育的脱节往往成为学生成长中的“痛”。今天，在教育更加关注以提升学生核心素养为首要目标时，这赋予了家校联动特别重要的意义。正是从这样的视角看问题，这种“共读交流会”无疑是家校联动教育的有益探索。家长们与孩子共读了《窗边的小豆豆》，一部分家长还要求参与到课堂里来，与孩子共同讨论读后感受。在课前预热时，季老师告诉学生：“今天是一个开放的课堂，不但有一些老师来参与听课、讨论，还有不少家长也来参加我们的活动。他们可能会有些紧张，你能鼓励一下爸爸妈妈吗？”于是，学生们有的说：“爸爸，你不用担心，课堂是允许出错的，你尽管大胆些！”有的说：“妈妈，大胆地说出你的想法，加油！”……在讨论过程中，不只是学生踊跃发言，也有听课老师的声音传递，更有家长联系家庭教育实际，畅谈自己的阅读感受。这种多角度、多层面的思想碰撞，使课堂的学习氛围显得特别鲜活、灵动。

四、从对语文本体的实践到核心素养培育的统整联动

这堂“共读一本书”的交流活动，似乎更多地指向学生的精神建设，凸显了对核心素养的培育，这样是否会淡化语文本体的落实，流失“语文

味”呢？我们细加观察便不难发现，执教者仍牢牢把握着语文课程的本色，即落实对字、词、句、篇的相关知识和听、说、读、写的基本能力的培养。教师更多地把提升核心素养自然地融合在学习语言文字的运用实践之中，这是应当充分肯定的。从大处说，读一本书的能力，正是当下我们都应着力培养的阅读能力；而对读物内容能做联系思想实际的解读和交流，更是学生应提升的阅读水平的着力点。在大家评价小豆豆是一个怎样的孩子时，教师安排关键词的提取和板书；在交流巴学园特别之处时，教师对学生以儿童诗的形式表达读后感的关注、交流和鼓励；特别是最后家长书写“心愿卡”，学生书写“好书推荐语”，不仅在课堂上交流，还请家长把心愿卡郑重地贴到展板上，同时还要求学生课后继续制作“好书推荐卡”并赠送出去……这所有的安排都是对学习语言文字的运用实践。这就生动地证明了语文教学本体落实与核心素养的精心培育不仅不矛盾，而且是可以相得益彰的。重要之处在于我们是否能做智性的统整联动，让语文课程真正服务于儿童的生命成长。

10

画棵“阅读树”，撑起一片童真的天空

——《假如给我三天光明》“共读交流会”教学

教学设想

《假如给我三天光明》是海伦·凯勒的自传，此书由她的《我的生活》《走出黑暗》《老师》三本书以及发表在美国《大西洋月刊》上的著名散文《假如给我三天光明》编译而成。全书分为五个章节——《张开心灵的眼睛》《信心与希望》《走出黑暗与寂静》《春风化雨——莎莉文老师的故事》和《假如给我三天光明》，书中以朴素真挚的语言、细腻生动的笔触完整系统地介绍了海伦·凯勒丰富、真实而伟大的一生。

一位又盲又聋又哑的弱女子张开了一双心灵的眼睛，看到了一个充满信心与希望的美丽世界。她在黑暗中寻找光明，给无望世界带来希望，她就是海伦·凯勒。与孩子共读《假如给我三天光明》这本书，慢慢地走近海伦·凯勒，收获的不仅仅是感动！

读懂那一颗不屈不挠的心！又盲又聋又哑，谁都不敢想象面临这样的状况，无光、无声、无语，谁也不愿走进这样的世界。对我们许许多多的常人来说，一旦置身于这样的世界，生命便了无生趣。然而海伦·凯勒在莎莉文老师的帮助下，怀着一颗不屈不挠的心，在黑暗而无声的世界中摸索着前进。我们能做到的，海伦都做到了；我们做不到的，海伦也做到了。她在黑暗中找到了人生的光明，最后又把慈爱的双手伸向了全世界。

读懂那一份坚持不懈的情！又盲又聋又哑，可想而知，生活会遇到多少的困难！无光、无声、无语，可想而知，学习会遭遇多少的失败！然而海伦张开了一双心灵的眼睛，从“心”出发，以顽强的意志战胜了种种困难，坚持不懈地去触摸这个美好的世界。她说：“不怀希望，不论什么事情都做不出来。”她说努力求取知识，目的在于希望日后能活用，为人类社会贡献一点力量。她是这么说的，也是这么做的。她以自己的杰出成就向全世界证明了自己的生命价值，她以自己的博大情怀向世人诠释了热爱生活、珍惜生命的真谛！

海伦·凯勒说“把活着的每一天看作生命的最后一天”，难怪她能将自己的人生演绎得如此精彩。面对海伦，叩问自己，我的人生又该如何演绎？

“家校共读”交流会借助“一棵阅读树”来展开。首先呈现一棵雏形的“阅读树”，教师做好示范，引导学生做好标注，使它成为海伦·凯勒的“成长树”。在这样的基础上，让学生试画“阅读树”，梳理人物，将海伦·凯勒的父母统一标注在树的根部，选择影响海伦·凯勒成长的三个重要人物标注在枝干上。然后直击关键事件，续画“阅读树”，请大家选择影响海伦·凯勒成长的关键事件（三件）标注在“阅读树”另一边的枝干上。更重要的是让大家围绕“三天光明”创画“阅读树”，一边是海伦·凯勒的“三天光明”，另一边是学生的“三天光明”，两边交相呼应，触动心灵。最后是丰盈“阅读树”，深化感受。“阅读树”的一边是名人的评价，另一边请学生写下自己的感触。共读交流的过程就是“阅读树”生长的过程，走出课堂，“阅读树”就成了最好的“推荐卡”。这个过程也是大家学习用“阅读树”辅助阅读的过程，由此及彼，期待学生以后能自主运用“阅读树”。从“家校共读”到“共读交流会”，从静心阅读一本书到认真画好一棵“阅读树”，撑起的是一片充满希望的天空！

教学设计

【教学目标】

1. 基于儿童的真实生活做统整联动，融课堂阅读、课外阅读、亲子阅读为一体。通过老师、家长、孩子凭借“阅读树”共同交流读书感受，分享阅读《假如给我三天光明》的收获，进一步激发共同阅读的兴趣。

2. 基于“共读交流会”进行阅读策略创新，巧妙运用画“阅读树”的方式，梳理书中重要人物，直击海伦成长关键事件，在自主选择的基础上展开真实的阅读交流。在“阅读树”“生长”的过程中，加深对作品的理解，共同提高阅读能力。

3. 在“童真课程”的视野下，整合语文教学、课外阅读和家庭教育为一体。通过作品的语言文字读懂海伦，同时链接自身体验，联系生活实际，真实地表达自己的阅读感受，展开有效的阅读实践。让阅读真正为儿童的成长添翼。

【教学准备】

老师（包括听课的老师）、家长、孩子“共读一本书”——《假如给我三天光明》；请学生事先完成“读书单”的作业。（“读书单”里有三项任务：1. 在家长的协助下，完成 10 分钟的盲人体验。2.“假定你也只有三天光明，那么你会怎样使用你自己的眼睛呢？你最想让你的目光停留在什么上面呢？”认真思考海伦提出的问题，并简要地把自己的三天安排写下来。3. 让我们摘录海伦·凯勒说过的、让大家深受启发的话语。）

【教学流程】

一、初画“阅读树”，梳理人物

最近一个多月，我们“共读一本书”，读的就是——《假如给我三天光明》。今天同上一节课，上的就是——《假如给我三天光明》共读交流会。今天课堂上除了季老师和你们，还有——我们的爸爸妈妈、“童真语文”工作室的老师们。

1. 示范，初识“阅读树”。

多媒体出示：雏形“阅读树”。

介绍：我们要通过画“阅读树”的方式来展开阅读交流活动，现在这棵树只有树根和树的主干。这也是海伦·凯勒的成长树，树干的底部代表海伦小时候，树干的顶部代表海伦长大后取得的成就。

快速阅读图书封面、封底的勒口，捕捉重要的信息，了解海伦小时候与海伦长大后取得的成就。学生交流后，老师示范画“阅读树”，将关键词语标注在“阅读树”的底部和顶部的图形内。

树干底部的标注：又聋又哑又盲（或无声、无语、无光）

树干顶部的标注：毕业于哈佛大学，掌握五国语言，写14部著作，建立慈善机构，美国十大英雄偶像……

【设计意图】采用“阅读树”的方式展开阅读交流活动真可谓一举多得。第一，可以运用这样新鲜的方式充分激发孩子的阅读兴趣；第二，可以通过“阅读树”让大家自然了解海伦关键的成长信息；第三，也是最重要的是，在“共读交流会”中，阅读感受会随着学习的展开而逐渐生长，而“阅读树”的内容会越来越丰富，“枝叶”会越“长”越茂盛。当然在这里教师要指导好，并做必要的示范，让大家真正了解“阅读树”的阅读辅助作用，争取以后能自主地运用于阅读活动。

2. 梳理，试画“阅读树”。

现在请大家快速下传“阅读树”，每人一张，试着画画看。

在海伦成长的过程中，曾经有很多人给过她帮助，海伦说那是一双双托满阳光的手。除她的父母外，请选择你认为最重要的三个人，标注在“阅读树”右边的枝干上。海伦的父母，我们统一标注在“阅读树”的根部。

交流环节，说说这样选择的理由，并将关键词语标注在人物姓名的后面。比如：莎莉文老师（再塑生命的人）、马克·吐温（亲密的朋友之一）、贝尔博士（伸出温暖的友谊之手）……

对老师们来说，读这本书，无法绕开的是莎莉文老师，她给我们大家上了极好的一课，所以这里要特别请听课的老师说说自己的感受。

对家长来说，海伦的父母是所有家长的榜样，所以这里也要听听家长朋友的感受。如果您是海伦的父母，您也能这样做吗？

【设计意图】海伦的成长，离不开很多人的帮助。让大家在深入阅读的基础上选择海伦生命中最重要的三个人，标注在“阅读树”上。选择的过程就是极好的阅读梳理过程，交流的过程更是丰富阅读感受的过程，标注的过程就成了提炼阅读认识的过程。当然，爸爸妈妈、孩子和老师由于人生经历的不同，其阅读的关注点自然也会有差异，做老师的或许会特别关注海伦的老师——莎莉文，做爸爸妈妈的或许会更关注海伦的父母。引导大家结合自己的关注点展开真实的交流，当然阅读感受也就更加真切，更加深入。

二、续画“阅读树”，直击事件

《假如给我三天光明》是海伦·凯勒的自传，（利用“阅读树”）一个幽闭在盲聋哑世界里的人，竟然取得了这样的成就。在成长的过程中，她得到了大家的帮助，但更关键的是她自己。

1. 回想，再画“阅读树”。

快速浏览目录，回想一下，海伦·凯勒做的哪几件事给你留下了深刻的印象。你还可以翻阅其中的章节前后联系比较，然后选择其中的三件标注在“阅读树”左边的枝干上。

交流，说说这样选择的理由，还可以联系自己的“10 分钟盲人体验”谈感受，并试着将关键词句标注在事件后面。比如：学会说话（练习、练习、再练习）、如饥似渴地读书（文字是理想的乐园）……

正常人能做到的，海伦几乎做到了；正常人做不到的，海伦也做到了。她向全世界证明了自己，证明了自己的生命价值。

【设计意图】在海伦的成长过程中，有太多太多的事情触动了我们的内心。那些我们认为不可能的事情，海伦都让它们成为现实。浏览目录，回想关键事件，联系比较的过程就是一次内化阅读感受的过程。比较后，选择关键事件标注在“阅读树”上，交流选择的理由则成了一次升华阅读感受的过程。

2. 回看，创画“阅读树”。

“假如给我哪怕三天光明，我最喜欢看到一些什么呢？”让我们快速地回看第五章《假如给我三天光明》，梳理一下海伦·凯勒将怎样利用这三天。

交流明确：

第一天，将会是忙碌的一天。我将把我所有亲爱的朋友都叫来，长久地望着他们的脸，把他们内在美的外部迹象铭刻在我的心中……

第二天。这一天，我将向世界，向过去和现在的世界匆忙瞥一眼。我想看看人类进步的奇观，那变化无穷的万古千年……

第三天。今天我将在当前的日常世界中度过，到为生活奔忙的人们经常去的地方去……

现在让我们试着把海伦的“三天光明”也标注到“阅读树”上。请在“阅读树”中间画上一条长长的横线，左边的横线上标注海伦的“三天光明”，比如：①奉献给朋友；②了解人类和自然的历史；③在日常世界中度过。

我们从海伦的“三天光明”中，看到了她光明的内心世界，她对生活充满的无限的热爱。

3. 联想，续画“阅读树”。

引导：海伦说，在她想的时候，也请你想一下吧！课前我们就曾认真思考过海伦提出的问题。现在让我们拿出“读书单”与同桌交流自己的“三天光明”，然后把自己的“三天光明”标注在“阅读树”右边的横线上。

【设计意图】从海伦的“三天光明”到孩子的“三天光明”，这是一次“穿越”。虽然孩子无论如何也达不到海伦的境界，但是他会因此受到触动，会展开极为真实的思考。在“阅读树”的同一条横线上，标注的都是“三天光明”，左边的是海伦的，右边的是孩子的，同样都是认真思考的结果，从这个层面上来说，这是难能可贵的。让孩子带着真实的自己走进书中，读懂海伦，读出自己。

三、丰盈“阅读树”，深化感受

1.品味，丰富“阅读树”。

在阅读的过程中，大家收集了一些海伦·凯勒的名言，选择最有感触的一句分享。

分享后，把自己感触最深的一句积累在“阅读树”左下方的文本框里。

2.创作，丰盈“阅读树”。

马克·吐温曾说：“19世纪出了两个了不起的人物，一个是拿破仑，另一个是海伦·凯勒。”罗斯福夫人也曾说：“凯勒小组给我们这些没有那么多困难需要克服的人们，上了永远不能遗忘的一课。”通过阅读这本书，我们读懂了海伦·凯勒那颗不屈不挠的心，这本书带给我们太多太多的感动……请大家分别写下自己最有感触的一两句话，让它成为自己的座右铭，可以一直激励自己成长。请把它写在“阅读树”右下方的文本框内。

【设计意图】言为心声，海伦的那些富有哲理的话语带着一份抵达心灵的力量，总是那么不经意地触动人心。在分享中再次感受这样的力量，在积累中悄然地温暖人心。情动而辞发，“共读交流会”至此，情已满怀。此时，拿起笔述说是最佳的选择，把满怀的情感倾注笔端，化为有灵性的文字，带着一种力量抵达自己的心灵。

3.推荐，巧用“阅读树”。

这么好的书，真希望更多人能够阅读。“阅读树”就是最好的“推荐卡”，让我们带着自己的“阅读树”，把《假如给我三天光明》这本书推荐给更多人阅读。

【设计意图】此时，“阅读树”已经长大，它不仅是海伦的成长记录，更是大家阅读感受的生成印迹。让“阅读树”变成“推荐卡”，它就具有了更大的价值。这一棵棵“阅读树”从课堂里“生长”起来，走出课堂，便是最好的“推荐卡”，能把书推荐给更多的人阅读，让书扎根到更多人的心田。

专家评点

以“阅读树”助读整本书的成功探索

周一贯

从习惯于读一篇课文到读整本书，是语文课改发展史上的一个重要节点，它对于提高阅读的教学质量，构建孩子的书香人生具有历史性意义。儿童读整本书的难点在哪里？在于一本书的篇幅增量，使孩子一时难以梳理复杂的人物和情节，并提纲挈领地对文本做整体性的感知和思辨。如何帮助孩子们突破阅读整本书的困惑？季科平老师的“阅读树”助读法，可谓雪中送炭。要而论之，有这几方面的功效。

一、凸显了思维的可视性

一本书的人物、环境、事件之间的关系十分复杂，由此形成的思辨活动，自然也就错综复杂。思辨只存在大脑里，但我们可以用图像化的方法让其具有可视性。把整本书看成是一棵树，不仅形象，还具有普遍性。这样，图文的关系就可以直接对应，形成“镜像”关系；又可以间接对应，让学生在深刻理解文本的基础上做相应的主观变通再造。这样整本书的逻辑关系就像一棵树的生命关系一样，有根，有扎根的土壤，有长成的主干、枝丫、分叉、叶片，等等，使“阅读树”的鲜活形象，成为整本书的视觉符号。儿童的思维特点是具有形象性的，现在把整本书的繁复内容转化为可以一目了然的一棵树的图式，无疑会极大地提高学生对一本书的阅读理解兴趣，并获得整体把握的阅读功效。

二、理清了结构的逻辑网

一篇课文的结构，限于篇幅的制约，从人物到情节都比较简单，学生不难把握。但一本书的内容就复杂得多了。人物、情节、场面、环境、历史变迁、社会背景……彼此的交错纠缠，就内蕴了一个十分复杂的逻辑关系。现在以树的根表示海伦小时候就有的生理缺陷和生命困惑，以树的主干表示海伦的顽强成长，以树的枝丫、分叉和叶片部分表示海伦的成长事件……这样，把整本书内在的逻辑网，做了全面的并且可以揭示其内在联系的形象再现，成为可以理解、把握和复现全书主要内容的"解剖图"，不仅可以作为梳理清晰的全书解读，而且也便于日后复读、回忆，还十分有助于推进学生逻辑思维能力的发展。

三、多层级提升了"提纲挈领"的归结力

"提纲挈领"是中国传统的学习方法和研究方法，亦作"提纲振领"，意为提网之纲，挈衣之领，比喻抓住要领。《荀子·劝学》中有言："若挈裘领，诎五指而顿之，顺者不可胜数也。"在《宋史·职官志八》中则说得更明白："提纲而众目张，振领而群毛理。"于此足见"提纲挈领"的归结能力，正是小学生必须常用不懈的基本学习能力。"阅读树"之适用于整本书阅读，从树根到树干到枝丫，到分叉到叶片，到让学生书写张贴的小卡片，等等，几乎没有一处不是必须运用"提纲挈领"的归结力方能获得的。因此，应用"阅读树"助读整本书的方法，始终运用的便是"提纲挈领"的归结力，这无疑会大有益于儿童基本语文素养的提升。

11

“我们是中国人，我们爱自己的祖国”

——《小英雄雨来》“共读交流会”教学

教学设想

《小英雄雨来》是著名作家管桦的一部具有代表性的中篇小说。它以抗日战争为背景，记叙了晋察冀抗日根据地少年儿童雨来机智掩护革命干部、勇敢地和敌人作斗争、在战争中不断成长的故事。一说起《小英雄雨来》这本书，大家不禁会想到这句话：“我们是中国人，我们爱自己的祖国！”这句话一次又一次地呈现在我们眼前。“爱国主义”这条主线一直贯穿着这部小说，雨来小小的身体里蕴藏着深厚的爱国情怀，他成了全国少年儿童心目中的英雄，激发了无数读者的爱国热情和奋斗精神。爱国主义是中华儿女最自然、最朴素的情感，当爱国主义教育与整本书红色经典阅读结合在一起，它便拥有了更强的教育力量。

作家管桦说，雨来的形象不是他凭空想象的，雨来是抗日战争年代里冀东少年儿童的一个缩影，这其中也包括管桦自己在内。1922 年，管桦出生在冀东还乡河畔，他的父亲就是一位抗日英雄。管桦从小目睹了年长他几岁的本村儿童团团长带领村里的儿童一起站岗放哨，给八路军送鸡毛信，上树瞭望，观察敌情……1940 年，管桦离家奔赴抗日战场。从军后，童年时代的那些情景总是在他脑海中浮现。就这样，管桦创作了以雨来为主人公的《小英雄雨来》。

1998 年，“小英雄雨来纪念园”在还乡河公园落成。管桦在小英雄雨来纪念碑上亲笔写道：“1937 年，日本法西斯侵略中国，中国进行全民族抗战。

青壮年参加八路军，拿起枪抗击日本侵略者，冀东还乡河两岸各村的民兵、老年人、妇女、少年儿童，为保卫祖国家园与敌进行顽强的斗争。在那个战争年代，像雨来那样站岗放哨，手拿红缨枪、挺起小胸脯，给八路军送信、带路的情况是很多很多的……”

在“共读交流会”之前，要求老师、家长、孩子共读完《小英雄雨来》。请学生事先完成“读书单”作业第 1 ～ 2 题（让我们摘录体现雨来英雄言行的片段两至三处，并试着写一写自己的感受；让我们找找雨来成为小英雄的原因，试着写下两个），对自己的阅读感受做一个初步的梳理。

通过老师、家长、孩子共同交流读书感受，聊一聊雨来的英雄之处，极大地丰富了大家对雨来的认识，让大家对雨来的英雄之处有一个系统的、整体的认识，树立起一个丰满的、有血有肉的小英雄形象。管桦塑造的雨来这个人物形象是十分鲜活的，雨来从一个普通的顽皮孩子成长为小英雄，是有众多原因的。要探寻其中的原因，必须要有深入的阅读做基础。在回读交流的过程中，真切地了解雨来成长为小英雄的一个个原因，同时也看到了更多的英雄形象。小说字里行间既有中国共产党员的光辉形象，也有普通民众奋起抗日的群体形象。通过共读，播撒“我们是中国人，我们爱自己的祖国”这颗红色种子。通过有效的、共同的红色经典阅读实践，继承革命传统，弘扬革命精神，厚植爱国主义情怀。

教学实录

一、课前预热，营造共读气氛

师：今天我们在兰乡滆渚的“城市书房”里上课。看，我们的课堂里不仅有孩子，还有家长，后面还坐着老师。对孩子来说，上课很平常。但对家长和老师来说，是一种挑战。今天大家坐在这里，都是课堂里的学生，学生、家长、老师一起共读红色经典，一起交流阅读感受。现在，孩子可以先跟爸爸妈妈说句悄悄话，鼓励鼓励他们。

（每个孩子都附在父母的耳旁说起了鼓励的悄悄话）

师：今天是 4 月 21 日，再过两天就是——

生：世界读书日。

师：让我们一起重温“世界读书日”的主旨宣言——

众（齐读）：“希望散居在全球各地的人们，无论你是年老还是年轻，无论你是贫穷还是富有，无论你是患病还是健康，都能享受阅读带来的乐趣……”

二、引入资料，回顾故事情节

师：最近我们“共读一本书”，读的就是红色经典——

众：《小英雄雨来》。

师：今天我们就要一起走进《小英雄雨来》共读交流会。这一本书的故事背景你知道吗，它发生在什么时期？

生：发生在抗日战争时期。

师：让我们一起来看看相关的资料——

> 抗日战争（1931 年 9 月 18 日—1945 年 9 月 2 日）是中国抵抗日本侵略的一场民族性的全面战争。面对侵略者，中华儿女不屈不挠、浴血奋战，直到彻底打败日本军国主义侵略者。日本帝国主义在 1945 年宣布无条件投降。

如今每年的 9 月 3 日，就是——

众：中国人民抗日战争胜利纪念日。

师：这本书的作者是——

生：管桦。

（出示作者管桦的简单介绍）

师：《小英雄雨来》是管桦的代表作，它也选入了我们的教材，老师已经带着大家学习了这篇课文。

生1：我们学的《小英雄雨来》这篇课文就选自这本书的前面部分。

生2：课文主要讲“为了掩护交通员李大叔，雨来面对敌人的威逼利诱不惧怕也不动心，勇敢机智地周旋并成功脱险”。

师：看来大家学得很不错，现在让我们一起来观看一个微课，了解一下管桦是在怎样的情况下写这本书的。

（大家认真观看微课）

生1：管桦是1940年参加抗日战争的。

生2：管桦回忆起自己村里的儿童团团长，带着一群孩子站岗放哨、送鸡毛信、上树瞭望捕捉敌情，等等，这是多么难忘的一段生活经历！然后他就写了这本书。

师：原来雨来这个人物是有原型的啊，雨来也是抗日战争时期河北省冀东少年儿童的一个缩影。这本书的最前面有6幅彩色的插图，让我们一起看着插图来回顾故事情节。

（学生根据彩色插图回顾着一个一个故事情节）

师：如果还可以再画一幅彩色插图，你会画哪个故事场景？先和爸爸妈妈交流一下。

（孩子与家长展开现场交流）

生1：我们想画的是：用羊群打掩护，帮助受伤的同志逃出鬼子的包围。

生2：雨来送鸡毛信。

生3：雨来和他妈妈救了一个八路军。

…………

师：就这样，一个又一个的故事场景就好像浮现在我们眼前。现在请你用简洁的话语给大家介绍一下这本书主要讲了什么。你可以先和爸爸妈妈交流一下。

生 1：小英雄雨来聪明机智，勇敢地和八路军一起抗日，面对鬼子毫不畏惧，几次成功逃脱鬼子的魔爪，最后成为一名游击队员。

生 2：小英雄雨来与鬼子斗智斗勇，帮助八路军战胜鬼子，他逐渐地成长起来，最后申请加入了游击队。

生 3：我有补充，一个淘气的雨来慢慢地变成了一个小英雄。

生 4：雨来经历了无数的困难，最终成为八路军小战士。

师：在雨来身上发生的故事可多了，让我们去读读最后面的内容。“要问雨来后来怎么样了呢……”雨来真了不起，他就是一位小英雄。

三、聚焦人物，感受英雄形象

师：那接下来就让我们一起来聊聊雨来的英雄之处。你从哪一个故事里，从哪一个地方看出雨来确实很英雄？可以先和爸爸妈妈交流一下。

（学生和家长展开热烈的交流）

生 1：请大家翻到 24 页。雨来被鬼子抓住了，但是他一点也不害怕，还是想着逃跑。我觉得他很机智勇敢。

生 2：请大家看第 9 页。面对鬼子的威胁利诱，雨来既不惧怕，也不动心，一直坚持说不知道，不给敌人透露一点秘密。

生 3：请大家看第 6 页。12 岁的雨来使出吃奶的力气才把缸搬回原来的地方，他为了掩护交通员李大叔，不顾自己的安危，做完这一切才开始逃跑，结果被鬼子抓住了，但他还是很勇敢。

生 4：请大家看第 34 页。聪明的雨来不仅自己成功脱险，还把鬼子带入了地雷阵，炸飞了鬼子。

生 5：东屋那边都是鬼子，西屋里雨来和妈妈救了一位受伤的八路军战士。鬼子正往他们这边过来，雨来没有着急，冷静地想办法，机智地把鬼子引开了。

生 6：后来雨来被敌人抓住了，他还是毫不畏惧，坚定地说“不知道”“不知道”，坚决不透露八路军的信息。

师：雨来掩护李大叔被抓时，他坚定地说“不知道”；后来雨来成了“钻进铁丝网里的小鹰”，被敌人关了起来，他还是坚决地说“不知道”“不知道”。他坚守秘密，保护八路军战士，毫不担心自己的安危。这就是小英雄的气概。

生7：雨来接收了一封鸡毛信，他连夜送往目的地。黑暗的晚上，雨来也有一丝害怕，但是他克服了种种困难，飞一样地过去，信守承诺，把鸡毛信送到杜队长手里。

生8：请大家看133页。聪明的雨来用羊群打掩护，在鬼子的眼皮底下，帮助受伤的战士逃出了敌人的重重包围。很危险，但雨来很沉着，很机智。

师：雨来的英雄之处，真是说也说不完。请爸爸妈妈和我们一起寻找，一起交流。聚焦雨来的语言。他说：“我要有枪——”

众：“早把你们打死了！”

生：还有，他经常回答敌人的就是“不知道”“不知道”“就是不知道”。

师：聚焦雨来的动作。他掩护李大叔，飞速送鸡毛信，等等，有一次敌人抓住了他……

生：他狠狠地咬鬼子，咬得鬼子都不敢近他的身，咬了一个还不够，另一个也被他咬了。

师：雨来的这些语言、动作也都在告诉我们，雨来就是一个小英雄。雨来生来就是小英雄吗？我们来读读这两段话——

忽然，在老远的地方，水面上露出个小脑袋来，像只小鸭子一样抖着头上的水，一边用手抹一下眼睛和鼻子，一边嘴里吹着气，望着妈妈笑。

草垛的主人——二黑的爷爷，远远地跺着脚喊叫：“小兔崽子们，把我的草垛都扎乱啦！”……不提防一个老奶奶正在寨子里摘豆角，从寨子梢上的密叶中间探出头发花白的头，睁大眼睛，惊叫：“我的老天爷，把我的豆角都糟蹋啦！”

师：你读到了一个怎样的雨来？

生 1：调皮捣蛋的。

生 2：顽皮可爱的。

师：就这么一个普通的顽皮孩子雨来，却成长为了一个勇敢的小英雄。为什么会有这样的变化呢？原因肯定不止一个，赶快和旁边的爸爸妈妈交流一下。等会儿鼓励他们一起来举手发言。

家长 1：因为雨来受到了教育，女老师教育他要爱自己的祖国。

家长 2：因为雨来心里明白，日本鬼子在侵略自己的国家。

师：雨来第一次到夜校读书，他听到女老师念着——

众：我们是中国人，我们爱自己的祖国！

师：大家就随着女老师的手指，齐声轻轻地念起来——

众：我们是中国人，我们爱自己的祖国！

师：就算鲜血不断流下来，死亡朝他逼近，他仍记得——

众：我们是中国人，我们爱自己的祖国！

师：从此，他牢牢地记住了这句话。这句话还在哪里出现过？

生 1：在埋地雷的时候，地上写着“这儿是中国的土地”。

生 2：雨来被捕以后，做梦都梦见女老师带着他们念“我们是中国人，我们爱自己的祖国”。

师：这是第一个原因，而且是特别重要的原因，雨来受教育后明白了一个重要的道理——“我们是中国人，我们爱自己的祖国”。

家长 3：雨来的爸爸是八路军战士，正在参加抗日战争，雨来从小受爸爸的影响。

生 3：他妈妈也经常帮助八路军抗日。

生 4：他妈妈经常要完成报信、传递情报的任务。

生 5：他妈妈还救护受伤的八路军战士。雨来他们全家人都在抗日。

师：第二个原因，我们可以说是来自爸爸妈妈的影响。实际上大人就是孩子最好的老师，最好的榜样。

家长 4：小英雄雨来认为自己能够帮助八路军，他认识到了自己的人生价值。

师：从雨来自己身上找原因，有补充吗？

家长 5：雨来经常和小伙伴一起模拟八路军的军事演习，这个行为对他后面的成长也是很有帮助的。

生：因为他有一个同伴，也很想去打鬼子。

师：这是同伴对雨来的影响。想想看，雨来遇险，几次成功逃脱跟什么有关？

生 1：雨来智商很高，十分机智勇敢。

生 2：雨来水性很好，好几次遇险，他都是从水里逃脱的。

生 3：雨来游泳本领很高，这本书的一开头《雨来这孩子》里就写到了。

师：这是雨来自己身上的原因。那么关于同伴的呢，还有补充吗？

生 4：他们一起去寻找八路军大部队，同伴互相鼓励，像八路军战士那样团结友爱。

生 5：他们一起站岗，一起侦察敌情，彼此之间有友情。

生 6：雨来和伙伴们一起去画伪装地雷，一起成长。

师：接下来，我们请坐在后面的老师来补充。

寿老师：我觉得吧，雨来成长为一个英雄，也有社会大背景的原因。你看敌人要来扫荡了，老百姓把牛啊、羊啊都赶到山里，不留给日本鬼子。而当八路军来到村子里的时候，每家每户都是腾出房子来，主动给八路军烧饭、烧水，热情地招待他们。所以，从大环境可以看出全民都在抗日。

师：感谢寿老师，补充了我们都没想到的原因——全民抗日。雨来就是在这个大环境中成长起来的。

生 1（提问）：这些八路军战士会给这些孩子讲他们抗日的故事吗？

生 2：书上有写，八路军战士会给孩子讲抗日故事。

师：八路军战士会给孩子讲抗日故事，孩子们也能看到八路军战士、游击队员、民兵连长等在积极地抗日。

生 3：杜队长被鬼子抓了，但他坚强不屈，不泄露任何一点信息给敌人。他是雨来学习的榜样。

生 4：八路军尊老爱幼，总是帮助小朋友们。

师：有很多地方，我们都可以看到这些战士给雨来也带来了极大的影响。甚至有一次，雨来说下定决心要跟八路军战士走，让八路军战士不要告诉他妈妈。

四、聚焦主题，传承红色精神

师：我们一起读出了这么多的原因，顽皮的雨来就这样成长为一个小英雄。1998 年，“小英雄雨来纪念园”在还乡河公园落成了。作者管桦在小英雄雨来纪念碑上亲笔写下了碑文。

（众读碑文）

师：碑文的最后一句写道：“在那个战争年代，像雨来那样站岗放哨，手拿红缨枪、挺起小胸脯，给八路军送信、带路的情况是很多很多的……”说说你还知道哪些抗日小英雄。

生 1：王二小，那个放牛娃王二小。

生 2：海娃，那个送鸡毛信的海娃。

生 3：还有小兵张嘎。

师：像这样叫得出名字的小英雄，我们一般可以通过整本书阅读去深入了解他们的故事；叫不出名字的小英雄，也还有很多很多。正是这众多的小英雄和众多的大英雄，还有千千万万的人民，携手奏响了一曲抗战之歌，取得了——

众（齐）：伟大的胜利。

师：大家一起来看，雨来塑像的碑座上就写着这句话——“我们是中国人，我们爱自己的祖国！”亲爱的同学们，我们从小就要把这句话深深地印进自己的心里。同学们一起来——

生（齐读）：我们是中国人，我们爱自己的祖国！

师：在场的每一位大人，这一句话早就植入了我们的记忆，永远不会忘记。请大人们一起来——

老师、家长（齐读）：我们是中国人，我们爱自己的祖国！

师：同学们、家长们、老师们，今天我们一起共读红色经典《小英雄雨来》，我们把这一颗红色种子播撒在自己的心田，而且要播撒到更多人的心里，让它开出更美的花朵。让我们一起来——

众（齐读）：我们是中国人，我们爱自己的祖国！

师：任何时候都是这样！课后大家和爸爸妈妈商量商量，认真完成读书单第3题，共同制作一张推荐卡，把这本红色经典推荐给更多的人，把这颗种子也播撒到他们的心田。

专家评点

共读——阅读教学在新时代的“突围”

周一贯

阅读教学的方法和途径很多：精读、略读、自读、讲读、美读，乃至群文阅读……但所有这些阅读都局限于学生这个范畴。本案的“共读”可就不一样了。它追求的是学生在课堂上与家长共读，与听课老师共读。显然，其意义远远超越了传统的语文阅读教学的范畴，而融合了亲子共读的家庭读书活动，乃至全社会的读书活动。地点也从学校的教室扩展到了“城市书房”，这推动了读书活动的社会效应，最大限度地拓展了阅读人口。这是传统阅读教学在课改不断深化中的质变，是语文阅读教学在新时代的“突围”。尽管现在还只在初创的尝试之中，但它的前景无疑是令人欢欣鼓舞的。

从一滴水可以见太阳，这堂课给我们的启示主要有以下几点。

一、“读一本书”客观的社会价值

统编教材的使用，其重要目标之一是解决学生读书太少的问题。于是“读一本书”的阅读要求和能力培养，系统地进入了教材。“读一本书”是对学校语文教学的重大突破，成为学生在读书中建设精神世界、构筑书香人生的重大战略行动。但是“读一本书”的社会价值开发，还没有引起我们更深刻的认识。正因为读的是“一本书”，而不只是学生才有的“教材”，才使读物具有了全社会可以共享的“身份”。于是学校的阅读教学与“亲子共读”找到了连接点，近年来遍地开花的“城市书房”与学校语文课堂有了内在的“血缘情”，学生的读书活动与全社会的读书行动有了共理性。本案把阅读课堂搬到了“城市书房”，与家长、听课老师“共读一本书”，从根本上说是对“读一本书”自身存在的社会价值的重要开发。这无疑是最应当引起我们重视的根本点。

二、“亲子阅读”产生的社会互动

实践证明，孩子健康读书生活的建立，是离不开家庭读书氛围的。于是家庭阅读自然而然地成为学生多读书、读好书的重要基础和条件。学校教师应明白，学生良好读书习惯的养成，离不开家庭读书氛围的营造和家长亲子阅读的影响。学校的阅读课堂历来属于授课老师和学生，似乎与家庭并没有相应的联系。可本案在这方面显示了根本性突破，即在“读一本书”的活动中，发动家长与孩子共读；在读书交流课上，邀请部分家长代表来课堂参与，同学生、老师一起讨论这本书。把“亲子共读”的家庭行为也带到学校，带到课堂，无疑是对读书指导课的一种根本性突破。这不仅推动了家庭的亲子共读，营造了对孩子至关重要的家庭读书氛围，而且也让家长参与学校教学，为家庭与学校开辟了新的沟通渠道。实践表明，那些参与课堂交流的家长发言踊跃，兴致很高，这无论是对学生的影响还是对书香社会的营造都具有深远意义。

三、孩子、成人之间的社会效应

儿童时期是人一生中重要的生命阶段，因为儿童身上保留着更多的天性。但是儿童又必须不断地被社会化，到最后成为“社会人”。正是从这样的视角，可以认为“读一本书”也是让儿童在了解社会中知人识世，为成为一个合格的、积极的“社会人”做准备。所以，本案在“城市书房”，让学生与家长代表、老师一起开展对一本书的共读交流，正是为孩子与成人之间的互动产生社会化效应的课堂开发，这无疑具有重要意义。如，在讨论“雨来是个小英雄”时，学生们有故事情节的支撑，在理解感受上没有多大的困难，但在感知雨来也是一个我们可以感知的平常普通孩子时，学生们却反而容易忽略。对此，教师并没有少费心思。这就接近了深度解读的核心问题：一个普通的顽皮孩子为什么能成为一个勇敢的小英雄？发生这种变化的原因是什么？就在这种深度解读的节骨眼上，教师让学生与坐在身旁的父母做交流，并让家长也参与讨论。这里有五位家长、一位老师凭着自己更深的社会阅历，从不同角度挖掘了发生在雨来身上的一些契合点，深化了孩子们对雨来从一个顽皮的孩子成长为抗日小英雄的主客观原因的认识，加深了对儿童要从小接受社会生活的重要性的认识，这无疑会对孩子具有特殊的启发作用，从而成为本课的重大亮点。

更为重要的是本次共读的对象是红色经典作品。《小英雄雨来》这本书是基于原始素材创作的红色经典，深受学生喜爱，大家在共读中挖掘红色基因，弘扬革命精神，播撒红色种子。爱国主义教育就这样通过整本书共读形成了合力，得到了自然而然的落实。厚植爱国主义情怀有了最好的落脚点。

12

唱响一曲共产党人的正气歌

——《红岩》“家校共读导读课”教学

教学设想

《红岩》是当代文学中一部优秀的革命英雄传奇，被誉为“革命的教科书”，也被称为“黎明时刻的一首悲壮史诗”。这是一部描写重庆解放前夕残酷的地下斗争，特别是狱中斗争的长篇小说，记录了中华人民共和国成立前夕，重庆的中共地下工作者与国民党反动派展开激烈斗争的史实。它以“中美合作所”集中营（包括渣滓洞和白公馆）内的敌我斗争为中心，交错地展开中共地下党领导的城市地下斗争、学生运动、工人运动、狱中斗争以及华蓥山区的武装斗争，集中描写了革命者为挫败敌人的垂死挣扎、迎接解放而进行的最后决战。小说《红岩》将这个残酷又伟大的故事记录下来，传播开来。这本出版于1961年的长篇小说，发行量早已超过1000万册。它成功地塑造了以许云峰、江姐、成岗、刘思扬和华子良等为代表的共产党人的英雄形象，我们从中可以读出革命者的共同品格：他们都有着坚定的共产主义信仰，不怕牺牲，意志坚强，机智勇敢，爱护同志，愿意为人民的福祉和中华人民共和国的建立而奉献自己的一切。

《红岩》之所以保持着旺盛的生命力和感染力，是因为书中的人物、故事和精神均来源于真实的历史。该书的作者之一罗广斌，1948年9月因被叛徒出卖在成都被捕，先后囚于渣滓洞、白公馆，在狱中仍坚持斗争。1949年11月27日大屠杀之夜，他带领难友集体越狱成功。另一位作者杨益言，1948年8月被捕，被囚禁于渣滓洞，重庆解放前夕被营救出狱。可以说，两位作者与小说中的英雄人物一起经历了那段惊心动魄的斗争生活。作为幸存者，他们立志要把这些经历写出来，让后代了解这里的斗争，“红岩”的写作由此拉开序幕。两位作者从写报告文章，到写回忆录，到最后创作长篇小说，历经十余年，数易其稿，最终于1961年12月正式出版《红岩》。

今天如何来导读《红岩》，激发学生及家长的阅读兴趣呢？首先从书的封面入手，引导大家去感受其中的意蕴。封面上是一幅极富张力的版画：夕阳下的红色岩石上，一棵苍松傲然挺立。版画呈现了“红、黑、黄”三种颜色，给人以强烈的视觉冲击。更重要的是红色、黑色、黄色各有其象征意义。红色象征革命，黑色象征黑暗势力，亮丽的黄色象征光明。其次从故事背景入手，去初步了解故事的内容，了解《红岩》来源于真实的历史。再次，聚焦人物成岗、江姐、小萝卜头等，初步感知《红岩》中英雄人物的品格，其间运用跳读的方式直击主要人物江姐的重要章节第15章，试着用拟小标题的方式辅助阅读，为大家的进一步深入阅读指明方向。最后聚焦结尾，初步感悟红岩精神。可以说，红岩精神是历史留给我们的宝贵精神财富，它曾激励几代中国人奋发向上。如今，红岩精神已入选中国共产党人精神谱系。带着大家聚焦《红岩》结尾时，从许云峰、齐晓轩等共产党员的言行初步感悟红岩精神。“人生自古谁无死？可是一个人的生命和无产阶级永葆青春的革命事业联系在一起，那是无上的光荣！”“子弹征服不了共产党人！”……在新的历史条件下，传承“红岩精神”，用崇高信仰铸就时代忠诚，凝聚中华民族伟大复兴的磅礴力量。

教学实录

一、聚焦封面，初解“红岩”书名

师：首先要感谢各位家长陪着孩子一起来上这节导读课。因为有了你们的支持，有了你们的共读，我们的孩子肯定会更好地阅读，更好地学习，最终赢得更好的发展。今天我们一起来读读《红岩》这本书。读书，我们首先要仔细读封面、读封底，你从中捕捉到了什么信息？

生1：封面上有一棵松树，这棵松树长在岩石上。

师：封面上为什么画的是一棵松树，而不是其他的树？你想过没有？

生1：因为松树是万年长青的。我猜测画在这里会呼应题目。

生2：封面、封底的颜色大多是红色。

生3：红色代表着革命，是革命先辈鲜血染成的。

生4：红岩是红色的石头，封面上有一块巨大的红色的石头。

师：封面上有一块巨大的红色的石头，巨石上挺立着一棵松树。

生5：巨石上挺立着一棵松树，代表着革命精神万古长青。

师：封面、封底大部分是红色，还有其他的颜色吗？

家长1：还有一缕亮丽的黄色，黄色象征着光明。

师：谢谢这位家长，黄色象征着光明，象征着黎明的曙光。

家长2：还有不少的黑色，我想代表的应该是黑暗的势力，让我们知道当时的革命形势很严酷。

家长3：红、黄、黑，这三种颜色中，红色是主题，应该预示着革命一定会胜利。

生6：封面上还有书名《红岩》。

师：是的，大家知道吗？“红岩”本来是地名，红岩村位于重庆市郊，曾是中共中央南方局和八路军驻重庆办事处所在地。我们来看看，这是共产党员成岗与战友许云峰见面时的所说所想。

> “我们的党，敌人破坏不了。红岩村给我们留下了革命的种子和斗争传统，党的工作，永远不会撤退！”（许云峰）
>
> 成岗来不及告诉对方：每天黄昏，遥望着嘉陵江对岸的红岩村，那中共办事处附近的红色巨岩，他都在想，明天，明天党一定会派人来的！

生 1：我发现共产党员对红岩这个地方充满着希望。

生 2：我感觉红岩似乎不仅仅是地名，好像还有一种精神。

师：我们要继续往下读，更深入地阅读，才能体会到更丰富的内涵。

生 3：作者是罗广斌、杨益言。

师：知道这叫什么吗？（展示书脊）书脊。书脊上可以看到作者。现在让我们默读课件上两位作者的信息，看看他们有什么相同的地方。

课件出示：

罗广斌（1924—1967），1948 年加入中国共产党。从事学运工作。1948 年 9 月因被叛徒出卖在成都被捕，先后囚于渣滓洞、白公馆监狱，在狱中坚持斗争。1949 年 11 月 27 日大屠杀之夜，带领难友集体越狱成功。新中国成立后积极从事宣传烈士革命事迹的工作。

杨益言（1925—2017），曾在同济大学读书，因参加革命学生运动被开除。1948 年 8 月被捕，被囚禁于重庆“中美合作所”渣滓洞，重庆解放前夕被营救出狱。新中国成立后在重庆市委工作。

生 1：他们两个人有相同的经历，都曾经被捕。

生 2：他们两个人都曾被囚禁于渣滓洞。

生 3：他们一个带领难友集体越狱成功，一个被营救出狱。

师：是啊，作者罗广斌、杨益言是重庆“中美合作所”集中营的幸存者。他们根据自己的亲身经历在 1957 年写出了革命回忆录《在烈火中永生》，随后在此基础上创作了长篇小说《红岩》。

二、聚焦背景，初知“红岩”内容

师：现在让我们一起通过资料了解一下“《红岩》的真”。

《红岩》的真，历史为证

来源：人民日报

白公馆、渣滓洞，以江姐为代表的共产党员们身陷囹圄，仍与穷途末路的敌人展开殊死的斗争……一本小说《红岩》，将这个残酷又伟大的故事记录下来，传播开来。这本出版于1961年的长篇小说，发行量早已超过1000万册。

“《红岩》之所以能保持着旺盛的生命力和感染力，正因为书中的人物、故事和精神均来源于真实的历史。”重庆红岩革命历史博物馆文博副研究馆员王浩说，“重庆解放28天后，在敌人大屠杀时从白公馆越狱脱险的罗广斌不顾身体的伤痛，以顽强的毅力写下两万多字的《关于重庆组织破坏经过和狱中情形的报告》，留下了珍贵的史料。”

师：当时，中国青年出版社在多次修改后，准备出版这本书。书名怎么定呢？罗广斌向重庆市委汇报并请示，当时的重庆市委书记任白戈提出，“可以考虑用八路军、南方局所在的地名‘红岩’”做书名，“这是对一段革命历史的体现”。现在，我相信大家对书名《红岩》又有了新的了解。

生 1：还没开始读的时候，我想“红岩”就是指红色的巨大的岩石。阅读后，我知道了“红岩”是一个地名，红岩村就是革命红色基地。

生 2：“红岩”不仅仅是一个地名，它好像还体现着一种革命精神，但具体我还说不上。

生 3：当“红岩”成为书名，它也在体现着那一段革命历史。我对阅读这本书充满了期待。

师：真好！让我们来了解一下故事发生的背景——1948 年至 1949 年重庆解放前。说到这个时间节点，大家肯定会想到，我们新中国的一件大事——

生：1949 年 10 月 1 日，中华人民共和国成立了。

师：是的，这个日子，每一个中国人都不会忘记。在 1948 年至 1949 年，重庆的中共地下工作者与国民党反动派展开了激烈的斗争。《红岩》一书的基本情节以“中美合作所”集中营（包括渣滓洞和白公馆）内的敌我斗争为中心。大家对渣滓洞和白公馆有了解吗？

生：我猜测是关押共产党员的地方，就是我们平常说的监狱吧。

师：让我们一起来看看资料。

> 渣滓洞距白公馆 2.5 公里，原是一个小煤窑。渣滓洞三面是山，一面是沟，位置较隐蔽。1939 年，国民党军统特务在此设立了监狱。
>
> 白公馆旧址位于重庆沙坪坝区歌乐山，1939 年，被改造为迫害革命者的监狱。它和渣滓洞一并被人们称作“两口活棺材”。

生 1：被人们称作“两口活棺材”，可以看出这两个监狱很恐怖，革命者进去了会遭受很多的迫害，甚至会惨遭杀害。

生 2：我好像读过一首诗，里面写道“要把活棺材一齐烧掉”，不知道是不是说这里的。

生 3：我知道，这首诗是叶挺将军写的，其中有几句是这样写的：我希望有一天，/ 地下的烈火，/ 将我连这活棺材一齐烧掉，/ 我应该在烈火与热血中得到永生！

生 4：我知道，这首诗的题目叫《囚歌》。

师：请大家把《红岩》翻到 203 页，赶快浏览一下，你会找到答案。

生 5：原来这首诗本是叶挺写在监狱墙壁上的，诗里的“活棺材”指的就是渣滓洞监狱。

生 6：原来叶挺将军也曾被关在这里啊。我猜测“活棺材”的说法或许就是从这里来的。

师：看来大家越读越有感觉了。刚刚说了《红岩》的基本情节以“中美合作所”集中营内的敌我斗争为中心，但还交错地展开了中共地下党领导的城市地下斗争、学生运动、工人运动、狱中斗争以及华蓥山区的武装斗争，集中描写了革命者为挫败敌人的垂死挣扎、迎接解放而进行的最后决战。

生 7：我现在很想一下子就把《红岩》读完。

生 8：我想快一点去认识书里的那些英雄人物。

三、聚焦人物，初感人物品格

师：有一位英雄人物，他也像叶挺将军那样，在监狱里写下了《我的“自白书”》，“自白书”加上了引号，说明——

生：说明这不是真的自白书。

师：这位英雄的名字叫成岗，他的现实原型叫陈然，让我们一起翻开书，翻到 165 页，来读读他写的“自白书”。

（师生一起朗读陈然的《我的“自白书”》）

师：这就是一个共产党员的自白！让我们来看看成岗的人物名片——

> 成岗，长江兵工总厂修配厂厂长，中国共产党员，负责《挺进报》的印刷工作；遭受敌人的严刑拷打，绝不屈服；被敌人注射“诚实注射剂”，凭借顽强的毅力保守党的秘密；在狱中仍坚持办《挺进报》。

生 1：从人物名片中我知道，即使被关进监狱，成岗还在进行革命活动。在狱中还坚持办《挺进报》，这是多么不容易，我很想知道他是怎么办报的。

生 2：我觉得他是一名真正的共产党员，绝不会屈服，誓死保守党的秘密。

师：这样的共产党员还有很多。接下来让我们聚焦这本书的主要人物江姐，你已经了解了她的哪些情况？

生 3：江姐也叫江雪琴。

生 4：我想起一首歌（生说不出歌名）……

师（哼唱）：红岩上，红梅开——

生 4：歌名叫《红梅赞》。

师：是的，《红梅赞》是歌颂江姐的。

家长 1：也有花鼓戏是唱江姐的。

家长 2：有关江姐的电影《在烈火中永生》。

家长 3：还有《江姐》的歌剧。

师：请大家快速浏览第 15 章（P266—279），准备完成以下任务——任务一，说说自己的感动之处；任务二，一起给这一章拟个小标题。

（家长和孩子一起完成阅读任务，浏览后小声交流）

生 1：我们拟的小标题是“钢铁魂”，因为江姐真的太坚强了。

生 2：共产党员的意志是钢铁。

师：是啊，在这一章的最后写道：“毒刑拷打是太小的考验！/竹签子是竹做的，共产党员的意志是钢铁！”

生 3：我们拟的小标题是“酷刑中的微笑”。江姐受尽了酷刑，但她始终不屈服，还保持着微笑。

师：请大家把书翻到目录，我们刚才读的是第 15 章，我们为它取了小标题。给目录增加这样的小标题，你觉得有什么好处？

生 4：原来的目录只有第几章和页码，不知道具体内容。

生 5：现在取了小标题，我们就可以知道这一章的大概内容。

生 6：取小标题还是阅读的过程。要取好这一章的小标题，必须先阅读好这一章。

生 7：如果每一章的小标题都取好了，那么整本书的内容，我们也大致了解了。

师：在课后共读的过程中，我们可以逐渐形成完整的整本书的目录，给每一章都列好小标题。这对我们深入阅读这本书会有很大的帮助。现在我们继续回到书中。当江姐她们在监狱里得知中华人民共和国成立了的时候，她们想绣一面五星红旗来表达自己的欣喜，来传递自己热爱祖国的情感。请把书翻到第 499 页，听老师朗读“绣红旗”的片段。

（师声情并茂地给大家朗读“绣红旗”中的精彩片段）

生 1：听着季老师的朗读，我感受到了江姐她们那炽热的爱国情感。

生 2：江姐对“婴儿之花”说的那些话，就好像是对我们说的。“……接过红旗那天，你要面对红旗回答——你是否为保卫红旗而生，为保卫红旗而战，为保卫红旗而贡献了问心无愧的一生”。

生3：我听到最后，真的很感动，特别是江姐临别时对大家说的话——“如果需要为共产主义的理想而牺牲，我们每一个人，都应该、也可以做到——脸不改色，心不跳”。我感觉心里有一股力量在升腾。

师：让我们一起也来读读江姐说的这句话——

众（齐读）：如果需要为共产主义的理想而牺牲，我们每一个人，都应该、也可以做到——脸不改色，心不跳。

师：看得出来，大家都被感动了。让我们再来看看江姐的原型江竹筠的人物名片。

江竹筠（1920—1949），1939年加入中国共产党，1948年6月14日，江竹筠在万县被捕，被关押于重庆军统渣滓洞监狱，受尽酷刑仍坚守党的秘密。1949年11月14日，在重庆解放前夕，江姐被国民党特务杀害于渣滓洞监狱，牺牲时年仅29岁。

（大家带着感动自由阅读人物名片）

师：江姐牺牲时年仅29岁。还有一位最年幼的烈士，让我们来猜猜他是谁。他几个月大时就随父母被囚禁在白公馆，在敌人的监狱里长大。头很大，身子纤瘦，经常帮助大人做秘密工作，遇害时不满9岁。如果你还猜不到，你可以打开《红岩》，翻到第386页，寻找答案。

生1：小萝卜头，最年幼的烈士是小萝卜头。

生2：小萝卜头名字叫宋振中，1949年9月6日与父亲宋绮云烈士、母亲徐林侠烈士一起在重庆松林坡被害。

师：小萝卜头这么小，可是在监狱里，他却一点不含糊，在认真学功课的同时，积极地为大家传递情报。

生3：国民党特务真的太残忍了，连这么小的孩子也不放过。

四、聚焦结尾，初悟红岩精神

师：1949年10月1日，中华人民共和国成立。11月25日，中国人民解放军第二野战军挺进西南，直逼重庆，蒋介石在逃离重庆前夕，下令对关押在白公馆、渣滓洞的革命者实施大屠杀，制造了11·27大惨案……在屠杀前，特务头子与共产党员许云峰有这样的对话——

> “共产党的胜利就在眼前，可是看不见自己的胜利，这是多么令人遗憾的事！我不知道此时此地，许先生到了末日，又是何心情？”
>
> 许云峰无动于衷地笑了笑。“……我已看见了无产阶级在中国的胜利，我感到满足。风卷残云般的革命浪潮，证明我个人的理想和全国人民的要求完全相同，我感到无穷的力量。人生自古谁无死？可是一个人的生命和无产阶级永葆青春的革命事业联系在一起，那是无上的光荣！这就是我此时此地的心情。”（见P553）

生1：我从这里读出了共产党员是不怕死的。

生2：他觉得自己能为革命事业而死，是无上的光荣。

师：大家知道吗？许云峰被关在监狱地窖里，一直不见天日，但他却徒手为大家挖通了一条逃生的通道。他宁可自己牺牲，也要为其他的战友留下这条生命的通道。越狱时，战友们穿过这条通道，直接到了白公馆的监狱外面。很多的共产党员都是这样，把生的希望留给他人。让我们一起来看一看越狱时另一位共产党员的表现。

> 齐晓轩蔑视的目光，俯瞰着山脚下的敌人，屹立在一块巨大高耸的岩石上，吸引着全部毒弹的袭击，他决心让自己的战友们赢得时间，转危为安。
>
> “扫射吧！”他把双手叉在腰间，一动也不动地分开双脚，稳稳地踏住岩石。“子弹征服不了共产党人！”齐晓轩苍白带血的脸上露出冷笑，让鲜血从洞穿的身上流出，染遍了脚下的红岩……（见P594）

生 1：我发现他也是这样，宁可牺牲自己，也要让战友们转危为安。

生 2：面对死亡，他毫不畏惧，子弹征服不了共产党人！

生 3：读到这里，我想起我们开始时说，红是革命的颜色。现在我还想说，红是革命者鲜血的颜色。无数革命者的流血牺牲，换来了革命的胜利。

师：现在，请大家翻到这本书的最后，大声朗读结尾。

（众大声朗读结尾）

师：革命终将取得胜利。这节导读课里，我们采用不同的阅读方法初步认识了成岗、江姐、“小萝卜头”、许云峰、齐晓轩等共产党员。让我们一起来说说《红岩》中那些革命者的共同品格吧，现在跳出你脑海的一个词是——

生 1：不畏牺牲。

生 2：舍己为人。

生 3：坚贞不屈。

生 4：视死如归。

生 5：大无畏。

…………

师：在导读过程中，我们只是粗浅地了解，但这样一个又一个关键词不由自主地从我们心里蹦出来。现在，我们来读一读专家对作品的评价——

众（齐读）：《红岩》是当代文学中一部优秀的革命英雄传奇，被誉为“革命的教科书”；《红岩》被称为“黎明时刻的一首悲壮史诗”。

生 1：我回去就要去读《红岩》，就想赶快读完它。

生 2：我读《红岩》，我会边读边完善目录，把每一章节的小标题都拟好。

生 3：我想现在先快速地浏览一遍，等假期里再细细地品读。

生 4：我特别希望妈妈也能和我一起读，这样我们还可以边阅读边交流。

师：相信你妈妈一定会和你一起读，她今天和你一起来上导读课，就是最好的证明。我也相信今天到场的每一位家长，都会抽空和孩子一起去深入阅读《红岩》，去体会蕴含在其中的“红岩精神”。

专家评点

定“点”抓“点”——“整本书阅读”的导读艺术

周一贯

整本书的“大分量”和“导”的小切口，无疑是整本书阅读指导的难点所在。这样的一堂导读课又发生在由家长、学生一起参与的“共读”生态之内，自然更是难上加难。但在本案中，季科平老师本着“童真”理念的指导，把功夫花在定“点”抓“点”上，教学效果是不错的。

定哪些“点”，又如何以“点”带“面”地抓“点”，无疑是对教师教学艺术的考验。细细品读本案，我们不难发现其中因“书”制宜的奥秘。

一、封面的意蕴

虽然凡读书先接触的都是封面，但并不是每个封面都可以作为推荐的重点。可《红岩》就不一样了。师生共议的内容十分切实，意蕴非同一般。一是书名。“红岩”是地名，是位于重庆市郊的中共中央南方局和八路军驻重庆办事处所在地，是照亮一片黑暗的不灭的灯塔，以此为书名，对这本书来说，意义非同一般。二是图案——扎根在红岩上的青松。三是色彩——红、黄、黑的颜色各有象征。四是作者——两位曾经身历其中的共产党人……这一切，都给整本书以非同寻常的意义，深悟它方能唱响这一曲共产党人的正气歌。

二、人物的聚焦

这是导读的核心所在。《红岩》中的人物形象鲜活，立体地呈现了革命者的爱国情怀和高尚品质，引领学生初步感知人物形象，能充分地激发学生深入阅读的兴趣。教师从学生读过的叶挺的《囚歌》入手，到成岗的"自白书"；从熟悉的歌曲《红梅赞》到江姐；从学生的同龄人"小萝卜头"到许云峰、齐晓轩……几个英雄代表人物的斗争足迹，贯穿了全书革命志士的英勇斗争，汇成革命者的英雄群像，凸显了革命者的共同品格，极大地强化了学生的阅读动机和阅读期待。

三、以加"小标题"助读

学生读长篇小说毕竟还缺乏能力，篇幅长，人物多，情节复杂……都会干扰学生对长篇小说的整体把握。教师适时地引入了为章节加"小标题"的方法，不仅可以起提纲挈领的作用，而且能够以笔墨帮助记忆。要取好小标题，必须要对其中的章节认真阅读。"取小标题"的方法，可以促使学生去深度地阅读一个又一个章节，促进学生阅读理解、概括分析能力的提升。读完一章，想想可以怎么取小标题，还可以一起讨论讨论，促进共读的开展。读完整本书，回看小标题，实际上也就把厚厚的书"读薄"了。无疑，这种助读方法的点化，对提高学生的阅读能力是很有现实意义的。

四、结尾的启示

本书的结尾颇具时间特色：一方面，中华人民共和国于10月1日宣告成立；另一方面，人民解放军"二野"已挺进西南，直逼重庆。就在这样的伟大胜利中，蒋介石竟在逃离重庆前夕，下令对关押在白公馆、渣滓洞的革命者实施"11·27"的大屠杀……就在这样的时刻，特务头子与共产党员许云峰有一段对话……这段对话让我们清晰地感受到共产党员忠于革命、不怕牺牲的大无畏精神。教师让学生再去读本书的结尾，又看到了另一位面对枪林弹雨无所畏惧的共产党员。"炮声隆隆，震撼大地。晨星闪闪，迎接黎明。林间，群鸟争鸣，天将破晓。……"如此聚焦结尾，自然更能使大家钦敬这部堪称中国无产阶级革命斗争教科书的红色经典，从而产生强烈的一读为快的热望。

㊃ 拓展课程

阅读

13

走近绍兴才子，传承古越文化

——四年级“徐文长故事”教学

教学设想

优秀传统文化是一个民族传承和发展的根本。古越大地，人文荟萃。古越文化是中华民族传统文化的重要部分。“徐文长故事”和“梁祝传说”“西施传说”“王羲之传说”“绍兴童谣”等陆续被列入国家级非物质文化遗产名录，可以说它们是绍兴民间文学的璀璨明珠。我把它们作为一个“古越非遗拓展课程”来开发，这样可以更好地促进古越文化的传承。越是乡土的，就越是民族的，讲好具有浓厚乡土味的故事，才能更好地感受绍兴智慧，传递绍兴精神！

越地被称誉为“名士之乡”，越地的名士文化是非常好的课程资源。众多名士之中，徐文长是最具个性特色、最具艺术成就、最受百姓欢迎的一位绍兴才子，因而开发徐文长相关课程资源便有了更加积极的意义。有关徐文长的故事很多，我选择最能凸显徐文长智慧和才华的几个故事，并以一副对联为统领串联。这节课选取的故事是《考场写长文》《写招牌》《徐文长“并吞六国”》《徐文长难倒窦太师》，对联是青藤书屋里的那一副，上联“几间东倒西歪屋”，下联“一个南腔北调人”。四个有特色的故事和一副“怪对联”具有不同的教学功能，丰富了徐文长的人物形象。通过这节课激发学生去阅读更多的徐文长故事，再通过故事去了解徐文长这个人。

就徐文长的故事了解徐文长，如果课堂只是停留在这一层面，那就失去了一半的意义。“徐文长故事”是绍兴民间文学的璀璨明珠之一，借这颗明珠激励学生去拓展阅读、了解被列入国家级非物质文化遗产名录的其他明珠，传承古越文化就有了更丰富的内涵。通过故事了解徐文长，同样也可以通过故事了解其他的绍兴名人。语文教师应高度重视这样的拓展课程的开发与阅读，解读绍兴故事，弘扬绍兴的精气神，传承古越文化也就有了更大的价值。

课堂实录

一、激发兴趣，走近奇人

师：让我们一起来玩个“说方言”的游戏。我说普通话，你说方言，看谁能做一个地道的小翻译。

（用“中国、浙江、绍兴、第一、才子”等词语玩“说方言”的游戏）

师：我给大家讲一个绍兴才子的故事。他呀，很聪明、有才智。但每次去应试总考不中，因为他不愿意按八股文的要求来写文章。有一回，考官说他的文章写得太短了，还在文章后面批道：“文章太短脸皮厚，名次落在孙山后。”这位才子说：“写长文章还不容易吗？”三年后，他又去应试，没想到考官竟然是原来那个考官。这一回啊，这位才子的文章越写越长，越写越长——他批评了科举考试制度的种种不对，批评太多，试卷上写不下，你说写哪里？

生 1：桌子上。

师：桌子上，再猜，桌子上写不下，写哪里？

生 2：手上。

师：手上也写，把袖子卷上去。

生 3：墙上。

生 4：衣服上。

生 5：脚上。

生6：地板上。

师：桌子写不下，写在凳子上；凳子上写不下了，翻过来，继续写。考试结束了，他拿着试卷，背着桌子、凳子交了上去。这位才子说："三年前，您说我的文章写得太短，现在总够长了吧！"考官哭笑不得。不用说，这位才子又没考中。但是据说从此以后，"文长"的名字就越来越响亮了。

刚才老师讲的是一个民间的故事，它的题目叫《考场写长文》。民间故事是老百姓编的、口头讲的故事。这《考场写长文》的主人公是谁呢？

生：徐文长。

师：徐文长，也叫徐渭，文长是他的字。这节课我们就来讲讲这位绍兴才子的故事。（板贴：徐文长的故事）

二、读讲故事，感受智慧

师：请大家默读故事《写招牌》的开头，想一想，这是在讲什么呢？

生：徐文长帮店主写招牌。

师：嗯，说得很概括。徐文长帮店主写招牌，招牌上"心"字——

生：招牌上的"心"没有一点。

师：生意呢？

生：生意却越来越好了。

师：我们把它作为故事的第一处。为了阅读方便，老师把余下的部分分成了第二处、第三处、第四处。请大家自由默读故事，默读完后，认真地填写表格。第二处，"心"字有什么变化，生意又有什么变化……请特别关注故事当中的童谣，它会帮助你完成任务。

（学生阅读故事材料，完成表格，教师随机指导，然后展开交流）

内容	第一处	第二处	第三处	第四处
"心"字的变化	少一点			
生意的变化	格外兴隆			

生1：第二处的“心”字少了一点。

生2：生意不如从前好。

生3：第三处的“心”字加了一个黑点。

生4：生意越来越冷清。

生5：第四处，“黑点”改成红点了。

生6：生意又兴隆了。

（师生边交流边生成表格。）

师：这张表格啊，让我们清晰地看到了故事情节的发展。它还可以帮助我们了解故事的大概。比如说第一处，徐文长帮店主写招牌，“心”字少了一点，可生意却格外兴隆。请你选择其中的一处，像这样用一两句简洁的话来说说这部分故事的大概。

生：第二处，“心”字还是少了一点，可生意不如从前了。

师：那是因为——

生：因为店主偷工减料，他变得很贪心了。

师：“心”字少一点，店主贪心了，生意不如以前了。

生：第四处，徐文长让店主把黑点改成红点，生意又兴隆了。

生：第三处，店主给“心”加了黑点，所以生意就清淡了。

师：同样是少一点，为什么第一处生意是格外兴隆，第二处是不如意?

生：第二处因为店主偷工减料了，黑心了，所以生意不如以前。

师：而第一处同样是少了一点，那是因为——

生：因为有徐文长写的字。徐文长很有名，写的“心”字少了一点，大家都被吸引过来，生意自然很兴隆。

师：现在我们就利用这张表格来讲讲故事的大概。讲故事大概，第一要求简洁，第二要求流畅，重复的话要去除，前后之间的联系要自然。和同桌一起试试看。开始!

（同桌互讲，指名讲述）

师：这也是讲故事的一种本领——说简单，说流畅。下面，我们一起来看课前自己已经读过的故事。这是故事的开头，我们一起讲下去。

师：徐文长和六位文人喝酒，六位文人事先商量好要——

生（齐）：捉弄徐文长。

师：喝酒的时候要说有关典故的主题，按年龄大小，一个一个地说。人有七个，徐文长最小，可是菜只有六样。你猜结果会怎么样呢？

生1：徐文长什么都没吃到。

生2：菜被六位文人拿走了。

生3：他连一口菜都没吃到。

师：三位同学说的其实就是同一个意思——徐文长没有吃到菜。同意这个结果的举手。（生都举手了）哇！那我们一起继续往下讲，令官说——

生（齐）：姜太公钓鱼。

生1：然后他把鱼端到自己面前。

师：第二个说——

生（齐）：时迁偷鸡。

生2：然后他把鸡肉端到自己面前。

师：第三个说——

生（齐）：张飞卖肉。

生3：他把猪肉端到自己面前。

师：第四个说——

生（齐）：苏武牧羊。

生4：他把羊肉端到自己面前。

师：第五个说——

生（齐）：朱元璋杀牛。

生5：他把牛肉端到自己面前。

师：现在只剩下一碗菜。桌子上只剩下一碗青菜了，第六个说——

生 6：刘备种菜。

生 7：他把那个青菜端到自己面前。

师：现在桌子上还有没有菜啦？

生：没有了。

师：桌子上的六个菜全被端走了。令官说，大家各吃各的，不用客气。这六个人啊，你看看我，我看看你，故意去看看徐文长。他们以为，徐文长是一定吃不到菜的。真的是这样吗？请你读读故事的结尾。

课件出示：

这下，那六个人都愣在了那里，无言可答，只好对徐文长说：“佩服，佩服！”

师：读了结尾，你知道了什么？

生：徐文长也有菜。

师：徐文长也有菜，六位文人也有菜？

生：我觉得这六碗菜都被徐文长给端走了！

师：徐文长有六个菜，那你的意思是，吃到菜的是——

生：徐文长。

师：没吃到菜的是——

生：六位文人。

师：原来，菜都在徐文长那里了。那么，大家来猜猜看，徐文长要怎么说，才能让这六个菜都到他这里来？

生 1：姜太公钓鱼——愿者上钩。

师：你说的是歇后语。

生 2：我觉得他们玩个游戏——输的那个人喝酒，等把他们灌醉，徐文长就可以把六碗菜吃了。

师：原来你想了一个新的游戏规则。但是在这个游戏规则里，只能说一个典故。

生 3：他就把这六个故事补充完整。

师：你的意思是把这六个故事再讲一遍，六个菜都说进去了，是不是？说六个典故，可不可能？

生：不可能。

生：只能说一个典故。

师：这个典故要怎么样说，才行？

生：要把这六样菜的典故都包含进去。

（师出示：秦始皇并吞六国）

师：这个典故在这里是什么意思呢？

生：徐文长把六道菜给独吞了。

师：这是故事最精彩的部分，故事纸上有没有写？

生：没有。

师：徐文长怎么说，写了没有？

生：没有。

师：徐文长怎么做，写了没有？

生：没有。

师：徐文长怎么想，写了没有？

生：没有。

师：好，那就让我们展开大胆的想象，来试着讲一讲这部分最精彩的内容。赶快试一试。

生 1：徐文长说“秦始皇并吞六国”。之后，他把六碗菜都端到了自己面前。

师：他把故事片段很简洁地讲出来了。谁能让它变得更生动一些？除了说典故，还可以有另外的内容。

生 2（有声有色地讲）：这时，徐文长说“我还没有讲呢！”六位文人一起惊讶地望着他。徐文长不慌不忙地说：“秦始皇并吞六国。”最后，六碗菜都被徐文长津津有味地吃了。

师：你看，讲故事的时候大胆地展开自己的想象，让语言更加丰富，动作更加具体，甚至我们还可以加上徐文长的想法。请大家和同伴一起分享故事的精彩片段吧。

（同伴分享故事）

师：这个故事还没题目，谁能把徐文长的智慧体现在故事的题目中？

生交流：《徐文长“并吞六国”》《聪明的徐文长》《徐文长“并吞六菜”》……

师：拿起笔，把你认为最有智慧的题目写在故事题目的位置上。

三、拓展资料，丰富认识

师：刚才我们在故事中感受了徐文长的智慧和才华，（出示课件）现在让我们一起走过这条石板小巷，来到徐文长的故居——青藤书屋。在这个书屋里，有这样一副对联，上联是“几间东倒西歪屋”，下联是——

生：一个南腔北调人。

师：上联写的是他住的屋子，他曾经在自己的一首诗中这样写道……我们一起读。

生（齐读）：天上无片瓦，地上无寸土，左无门，右无户，前没围墙，后没遮拦。

师：下联写他这个人。徐文长不满封建礼法，蔑视权贵，与当时社会唱的不是一个调，但他拥有超人的智慧和杰出的艺术成就，事迹、作品一直被人们传唱。他是明代著名的诗人、文学家、戏剧家、书法家、画家。了解了这些，让我们再来回看今天学的三个故事。《考场写长文》讽刺的是——

生：考场的官员、考试的制度。

师：《写招牌》教育的是谁？

生：是“三元点心店”的老板，教育他要做一个有良心的生意人。

师：《徐文长“并吞六国”》反击的是——

生：六位文人。

师：现在如果让你送一个词给徐文长，你会用哪个词？

生 1：聪明。

生 2：投机取巧。

师：为什么你有这种想法？

生 2：嗯，因为文人们都占着各自的菜，他居然把它们都抢过来。

师：但是你知道吗？这些文人事先是想——

生 2：捉弄他。

师：对，是想捉弄他、欺侮他，徐文长只是用自己的聪明去反击他们，那能不能说是投机取巧呢？

生 2：不能。不是“投机取巧”，而是有智慧。

生 3：聪慧。

生 4：杰出。

师：徐文长的故事还有很多很多（出示故事题目），在故事《徐文长难倒窦太师》里，窦太师带着“天下无书不读”的招牌耀武扬威，自以为文章天下第一，徐文长利用自己的智慧摘下了这块招牌，老百姓纷纷议论——

中国才子算浙江，浙江才子数绍兴，绍兴处处出才子，第一要算徐文长。

（师生继续玩“说方言”的游戏。老师用普通话念一句，学生用方言说一遍。游戏结束大家边拍手边用方言念歌谣。）

师：读到这里，你还想把什么词送给徐文长？

生：才子。

师：绍兴才子的这个故事，有人把它改编成了电视剧《江南怪杰徐文长》，徐文长的故事和梁祝传说、王羲之传说、西施传说、绍兴童谣一起被列入了国家级非物质文化遗产名录。今天我们通过徐文长的故事去了解了徐文长，他的故事还有很多很多。同样，我们也可以通过民间故事去了解其他的名人，去感受我们绍兴名人的智慧和伟大，去感受我们富有魅力的绍兴文化。

专家评点

开发本土教材　传承地域文化

周一贯

在用好全国统编教材的前提下，适度补充一点教师自行编写的课文，对于“积极利用和开发各类课程资源”，“增强语文课程内容的丰富性和课程实施的开放性”［见《义务教育语文课程标准（2022年版）》］，具有重要的意义。

徐文长（徐渭）是我国明代晚期杰出的文学艺术家，被列为中国古代十大名画家之一。他多才多艺，在书画、诗文、戏曲等领域均有很深造诣，且能独树一帜，给当世和后代留下深远的影响。他当过塾师、小吏、师爷，也曾为保卫家乡投笔从戎，因抗击倭寇而受过重用，但境遇坎坷，最后在贫病中去世。徐文长的一生颇具传奇色彩，加上他诙谐多智，蔑视权贵，敢抱不平，留下了不少轶闻故事，是绍兴民间传颂最多、妇孺皆知的历史名人。

教师如何开发适合的、优秀的课程资源，是新课改对教师专业发展的基本要求。以这样的视角审察本案，无疑具有以下亮点，值得我们学习和借鉴。

一、着眼乡土，传承地域文化

乡土是生我养我，让我度过珍贵童年的那一方热土。人这一生可以远走四方，甚至打拼世界，但令他最难忘、一辈子都会想念，并且影响终生的，还是那一番乡愁。在实施全国统编教材的新形势下，适度地选学一些有关乡土的内容，以不同的地域文化熏陶、感染学生，让他们一辈子都不会忘了故土乡情，就具有了特别深远的意义。特别是在“越语文大课堂”的活动背景里，季老师开发“徐文长故事”这一课，更显得特别有价值。这是因为民间传说中的徐文长在绍兴可谓家喻户晓，但人们对其人却缺少完整、准确的认识。特别是在故事中也有一些庸俗搞笑的恶作剧，与徐文长的道德人品严重不符。这就显得本案的开发还有着匡正邪说、激浊扬清的教育意义。显然，这样编选的语文教材，不只是有正能量，而且独具针对性，比较充分地体现了教师正确的教育价值观。

二、统整运作，凸显文本价值

徐文长的故事浩如烟海，在一节课的时间里，该组选哪一些？这是对教师编选教育文本的重大考验，也是衡量教师人文素养和教学艺术的关键所在。

整节课一共让学生学了徐文长的四个故事和一副对联。由于教师做了巧妙布局，不仅使故事和对联能整体性地描绘徐文长的性格和人品，而且贯穿整节课的各个环节，成为推动教学活动不断深入的抓手。如作为导入的《考场写长文》，故事比较简单，有助于学生快速进入情境，并整体性地理解徐文长的为人——不满科举、蔑视权贵。同时故事以其趣味性强的特点，较好地调动了学生的学习情绪。第二个故事安排了《写招牌》。这个故事情节比较复杂，需要一定的脑力来理解，置于整节课的主体地位，实属必要。第三个故事《徐文长“并吞六国”》，不仅作为课前预学的内容，而且在课堂上作为讲故事的练习材料，来一番检查性的演练与拓展，确实有其安排上的匠心独运。接着是“一副怪对联”。以徐文长自拟身世的一副对联，串联几个故事，集中认识徐文长的为人处世，放在这里无疑有着概括和提升认识的作用。最后以《徐文长难倒窦太师》结课，轻松而愉快，其中的一首“顺口溜”，也正好作为“玩方言”的游戏内容，营造了结课的轻松氛围。

正是这样由四个各具特色而又有不同教学功能的故事，有机地搭建了这堂课的学习过程，才能既凸显了课堂的文本价值，又层层推进了学生对徐文长的人格认知。

三、多方渗透，重在以学为基

由教师自行编选的语文教材，比较容易过度关注学习内容的新奇和意趣，而淡化了课堂的“以学为基”。特别如本案的“徐文长的故事”，更容易使教师集中于对故事情节的讲说，而掩盖了其中可以生成的学习机遇与过程。季老师这堂课就不做这样的处理，而是强化了故事中的各种学习机制，千方百计提高学生的学习力。这一点应当是最值得称道的。如第一个故事《考场写长文》，就合理地渗透了“猜读”以激发思维：徐文长答题写得很长，写不下了又会写在哪里呢？第二个故事《写招牌》则渗透了“非连续性文本”的表格式，让学生填写表格，以简化内容，得其要旨，为深入理解做铺垫。在第三个故事中则结合典故的教学，让学生自悟自得……所有这些设计都可以让我们感受到教师的用心所在——让学生在接触故事的过程中能切切实实地提高学习的能力。

四、读练并重，落实语言运用

语文课程是“一门学习国家通用语言文字运用的综合性、实践性课程”［见《义务教育语文课程标准（2022年版）》］。无论在何种语文课堂上，我们都不应该有违语文课程这一性质特征。这一性质在本案中也体现得可圈可点。如对《写招牌》的故事，教师安排了“填表”的练习，有效地体现了非连续性文本以简驭繁、提纲挈领的作用，这无疑是一种有效的语言文字运用练习。课堂上还以大块时间设计了讲故事的演练，有讲故事大概的练习，也有把故事讲生动、讲具体的训练。对《徐文长“并吞六国”》这个既有相当难度又富含语言因素（典故）的故事，不仅通过“讲”深化了理解，还提升了口语表达的能力，这些都是相当精到的设计。

14

“童真课堂”：让儿童经历真学

——五年级《黄果树听瀑》教学

教学设想

观察是思维的触角，是儿童与自然、生命、生活亲密接触的手段。我们把四、五年级中的观察内容、观察活动、观察表达等巧妙地链接在一起，开发了兴趣拓展类微课程“我是小小观察者”。它主要包括以下内容：①在课文中学观察；②在名著中学观察；③坚持连续观察植物；④坚持连续观察动物；⑤学会观察景物；⑥学会观察人物；⑦写好观察类习作。本课程的特色创新是统整，从课文内容到专著内容的统整，从课内学习观察到课外观察活动的统整，从观察活动到观察表达的统整。通过课程培养学生浓厚的观察兴趣，学习细致的观察方法，养成持续观察的好习惯。同时打破学生对习作的恐惧，让学生学会真实、自然、喜悦地表达，致力于学生核心素养的培育。

《黄果树听瀑》是“学会观察景物”的其中一个内容。在这一课中，学生选择身边的一处景物开展全面观察，学习定点观察、移动观察和动态观察，并用自己喜欢的方式做好记录。在这样的基础上进行《黄果树听瀑》的学习。《黄果树听瀑》是一篇游记，语句优美，描写生动，想象更是丰富。与其他游记不同的是，它抓住了一个独特的视角——“听”来展开具体描写。“听”是文章的题眼，全文以“听”为线索，按照游览的顺序（移动观察），对听到的瀑布的声音做了细致入微的描写。描写时，作者充分展开想象，让声音形象起来，生动起来，并融入了自身的真切感受，仿佛自然与人也融为了一体。本文赞美了黄果树瀑布恢宏的气势及其生生不息的活力，歌颂了自然的壮丽与伟大。

课题是全文的“信息集成块”。在课题所包含的诸多信息中，存在着最本质的信息，这便是“听”。抓住这个本质信息，引导学生来改课题，让学生在改课题的过程中进一步强化对本质信息的真切感知。一般来说，对瀑布的观赏总是以“看”为主的，可这里却是以“听”为主。教学的展开坚持以儿童为主体，步步深入地抓住课文的重要信息，有效培养和提升儿童的略读能力。从“听瀑”到归纳两处写法的共同点，通过归类呈现，降低了发现的难度，让儿童在朗读中，在比较中能够自然地发现写作的秘妙。通过展开联想让声音显得更加真切；通过联想，通过写自己的感觉让声音显得更加有活力。因为正是由“听”触发了作者丰富的联想和真切的感受，从而在这里深刻地说明“听”的艺术欣赏内涵之丰富。

教学实录

一、课前预热，引发兴趣

播放“鸟鸣”的声音，引导学生捕捉大自然中的声音。

二、揭示课题，丰富信息

师：好，谁来读读课题？

生：黄果树听瀑。

师：大家一起来看一看，课题中哪一个字非常清楚地告诉我们，这篇文章跟声音有关？

生：听。

师：非常好。那如果文章主要写瀑布的形态，这个课题需要改成——

生1：黄果树看瀑。

生 2：黄果树观瀑。

师：是呀，但我们今天学的是——

生：黄果树听瀑。

师：听的就是瀑布的——

生：声音。

师：知道黄果树瀑布吗？知道的同学就跟大家说一说。

生：黄果树瀑布是一个很大的瀑布，可以用“飞流直下三千尺，疑是银河落九天”来形容。

师：把掌声送给俞俊杰！因为他能够边学边想。

（生鼓掌）

三、读通课文，直击“听瀑”

师：大家知道吗？黄果树瀑布有多高？ 77.8 米高，相当于我们教学楼 20 层楼高；它有多宽？有 101 米宽，相当于我们 15 个教室一样宽。难怪明代的地理学家徐霞客这样描绘它——

> 一溪 / 悬捣（dǎo），万练 / 飞空，溪上石 / 如莲叶 / 下覆，中剜（wān）/ 三门，水 / 由叶上 / 漫顶而下。

（师生共读）

师：我们一起来看（引导学生试着一起说），上面的溪水从半空中奔涌而下，千万条白色绸带从空中飞舞下来。再来看，溪上的石头如同向下盖着的莲叶，中间挖出了三个缺口，水从莲叶形石头的上方漫过叶顶倾泻而下。

师：我们一起把它的气势给读出来。

（生齐读）

师：这篇课文比较难读，所以课前我们借助“助学单”已经预习过了，现在请大家翻开课本，再自由地、大声地把课文读一遍，争取把课文读得更通顺。如果遇到还读不准的字，就举手问老师。

（生齐读课文）

师：先停下来，大家要听清楚老师的要求，老师的要求是自由地、大声地读课文。

（生自由读课文，师指导个别学生。片刻后，除一名学生外其余学生已读完停下。师了解这名学生未读完的部分）

师：好，让我们跟着何同学一起读剩下的两个自然段。从第7自然段“我们聆听着”开始。

（生齐读）

师：这篇课文的题目是——

生：黄果树听瀑。

师：课文哪几个自然段直接描写了“听瀑”呢？请大家快速浏览课文，把这几个自然段找出来。

（生浏览课文）

生1：第6、第7自然段，这两个自然段是直接描写听瀑的。

生2：还有第4自然段也是直接描写听瀑。

生3：第1、第2两个自然段也是描写听瀑的。

师：非常好！第1、第2、第4、第6、第7自然段都是直接描写瀑声的。现在请大家轻轻地、快速地读这几个自然段，边读边想——瀑声怎么样？你会用一个四字词语来形容吗？这个词语可以是书上的，也可以是自己平时积累的。

（生轻声读）

生1：瀑声响遏云霄。

师：（小声地）响遏？

生1：响遏行云。

师：好，把这个词语写到黑板上。

生 2：瀑声如雷轰鸣。

生 3：訇然作响。

师（发现生 1 不会写“响遏行云”）：不会写是吗？那你去查一查，查完再来写。（生查看后写出了词语）

生 4：纯正清脆。

生 5：瀑声威武雄壮。

生 6：瀑声摄人心魄。

生 7：瀑声让人回味无穷。

师：我们一起来看大家黑板上写下来的词语，这是我们对瀑声的初步感受，来，一起读。（在学生读时，教师把黑板上的错别字圈了出来）看看这个词是谁写的，自己看一看，怎么样把它修改一下。（一生悄悄上去修改）这三个词（如雷轰鸣、响遏行云、訇然作响）有一个共同的特点，瀑声非常——

生：响。

师：像什么一样响？

生：雷声。

师：是啊，响到了什么程度？（引导学生一起说）这响声穿透了云层，使云也停住了脚步。

四、略读课文，捕捉信息

师：从词语中我们初步感受到了瀑声的响亮，课文中还有很多这样的信息，接下来请大家认真地默读课文，从语言文字中捕捉更多的信息来体会瀑声响亮这一特点。

（生默读课文，师发现了黑板上学生写错的“武”字，悄悄地走到该生的身边，提醒他看看自己黑板上写的字。学生悄悄地上去进行修改。）

师（边巡视边说）：直接找让你感到瀑声响亮的句子或者词。

生 1：第 1 自然段的最后一句“若微风拂过树梢，渐近渐响，最后潮水般涌漫过来，盖过了人喧马啸，天地间只存下一片奔泻的水声了”。这表示水声很响。

师：从哪里看出来的?

生1：“盖过”。人喧马啸已经很响了，水声比人喧马啸更响，说明很响。

生2：“车到黄果树风景区，便闻一阵‘哗哗’之声自远处飘来”，从这句话可以知道。一到风景区，声音就“哗哗”地传过来了。

师：路还很——

生2：远。

师：哦，这么远声音就传过来了。

生3：我从“潮水般涌漫过来”可以看出声音很响。潮水涌漫过来的声音很响，瀑布的声音像潮水一样响。

师：是的，再看后面一句。（手指大屏幕）

生4：“天地间只存下一片奔泻的水声了”，我从“只”这个字看出声音很响。因为只有黄果树瀑布的声音，其他声音都没有了。

师：是呀，只有这一个声音了，耳边是这个声音，整个世界里都是水声了。我们继续捕捉声音响亮的信息。

生5：“那‘哗哗’水声合成了千万架织布机的大合奏，响遏行云”。这里用千万架织布机的大合奏来描写瀑布的声音，说明很响亮。

师：是呀，千万架织布机的声音，响到了什么样的程度?

生6：似乎穿透到云层上去了。

师：所以说是——

生7：响遏行云。

师：这里，把瀑声比作千万架织布机的声音，下面一句呢？谁有发现?

生8：穿透了云层。

师：哪一句在说瀑声穿透了云层?

生8：上面一句。

师：那下面一句你有什么发现呢？

（生呆在那里说不上来）

师（悄悄地提醒）：把在山谷间震荡着、回响着的瀑布声，比作——

生 8（学着说）：把在山谷间震荡着、回响着的瀑布声，比作千百架低音提琴在奏鸣、在轰响。

师：这样比让我们知道什么？

生 8：瀑布的声音非常响。

师：而且这个声音在山谷间震荡着、回响着，让我们感受到了瀑声的响亮。继续往下说，谁还有另外的信息吗？

生 9：（朗读课文第 3 自然段）这是我捕捉到的信息，这个瀑布都能造成“雨”了，说明瀑布非常大，声音非常响。

师：他从这里也同样捕捉到了瀑声响的信息，非常不简单。

生 10：第 3 自然段里面有个词可以说明瀑布声音响——摄人心魄。

生 11：我从第 6 自然段的瀑布“如雷轰鸣”看出瀑布的声音很响。

师：是的，这个词我们开始的时候也讲到了，那你再看看这一个自然段，你还从哪里可以捕捉到瀑声响亮的信息？眼睛要亮。抓住哪个词？

生 12：我从“人若浮身于一片声浪”的“声浪”这个词看出来，因为这个能表示黄果树瀑布的声音像浪花一样。

师：它简直就是一片声音的海洋。是啊，“声浪”这个词抓得多好啊，让我们感受到声音好像完全在我们的周围，我们就在声音的海洋里。

生 13：我从最后一句“让人真正感受到自然的伟大与恢宏”，从“恢宏”可以看出瀑布的声音很响。

师：是啊，这样的声音灌满了我们的细胞，让我们每一个细胞都充满了活力，这是多么壮观神奇。

生 14：第 7 自然段有句“我们聆听着訇然作响的瀑声，只觉得自己的胸臆在扩展”，我从“訇然作响”这个词看出瀑声很响。

师：是啊，刚才我们学词语的时候也说到了“訇然作响”这个词，让我们感受到了瀑声很响。

生 15：正因为这声音很响，所以挟来“大自然生生不息的活力”。

师：这一种活力进入了“我”的身体，使“我”的胸臆在扩展。“胸臆”在这里指的就是胸怀。似张开的山谷，那瀑布便直跃而进。从这么多处，我们都可以捕捉到瀑声响亮的信息，让我们一起去感受一下。

（播放课件，聆听瀑声，感受瀑形，最后画面停留在一张照片上。）

生（惊讶地）：哇，是季老师！

（台下听课的汪潮教授举手大喊：“我也去过！我也去过！”）

五、挖掘信息，迁移运用

师：十年前，季老师曾经近距离地聆听过这样的声音，至今想来犹在耳边，所以我很想和大家一起去读读描写瀑声的语言文字，让我们一起来读。

出示第一组句子：

> 车到黄果树风景区，便闻一阵“哗哗”之声自远处飘来，若微风拂过树梢，渐近渐响，最后潮水般涌漫过来，盖过了人喧马啸，天地间只存下一片奔泻的水声了。
>
> 那“哗哗”水声合成了千万架织布机的大合奏，响遏行云。
>
> “哗哗”的瀑布声在山谷间震荡着、回响着，似千百架低音提琴在奏鸣、在轰响。

（师生合作读）

师：这三个句子在写法上有什么相同的地方？前面部分——

生：都在描写瀑布的声音。

师：后面下画线部分呢？

生：都可以看出瀑布的声音很大很响。

师：它是通过什么让我们知道瀑布的声音很响？

生：通过“千万架织布机”。

师：通过我们比较熟悉的声音——千万架织布机的声音，是吧？他还想到了——

生1：千百架低音提琴。

生2：都用了打比方的手法。

师：这里不叫打比方，叫——

生3：作比较。

师：搞错了吧，来，自己改正。

生2：我觉得应该是打比方，因为这里写到千百架低音提琴，从这里可以看出。

师：在说明方法里我们可以说是打比方，但是在修辞手法里我们就说是——

生2：比喻。

师：后面的部分，通过想象，想到另外的声音，就将瀑声写得那么形象、生动，我们就好像真的听到了这样的声音。如果只有前面部分，那这样的声音我们还听得到吗？

生：听不到。

出示第二组句子：

> 瀑布如雷轰鸣，山回谷应，我们仿佛置身于圆形乐池中，四周乐声奏鸣，人若浮身于一片声浪，每个细胞都灌满了活力。让人真正感受到自然的伟大与恢宏。
>
> 我们聆听着訇然作响的瀑声，只觉得自己的胸臆在扩展，似张开的山谷，那瀑布便直跃而进，挟来大自然生生不息的活力，回荡着大自然纯正清脆的音响。

（分组比赛读）

师：你又有什么发现？前面部分是在描写真实的瀑声，下画线部分又是通过——

生：通过作者的感受来描写的。

师：是通过作者的感受来写瀑声的，是吧？来，谁还有想说的？

生：通过作者的想象来写。

师：是的，通过想象，通过写自己的感受，让瀑声显得那么的有活力，就好像进入了我们的身体。原来写声音可以这样写，通过想到——（生：另外的声音）让声音显得更形象；通过想象——（生：写自己的感受）让声音显得那么有活力。我们也试着来写一写，写一句或者写两句。准备好没有？

生：准备好了。

师：听着，听着，你能写了，就请你在课文后面空白处写下来，先描写真实的声音，再展开自己的想象。

（播放课前预热时听过的鸟鸣声，学生听声音写句子，师巡视并进行个别指导）

师：没写好没有关系，你交流自己写好的句子就可以了。来，这节课还没有向季老师发过“信息”的同学特别要把握机会。好，我们就请这边举手的同学。

生1：鸟叫声既婉转又动听，我沉醉了！我置身于鸟的世界，认真地聆听着，鸟儿们仿佛正在倾诉他们的心声！

师：鸟儿的心声。好，有了自己的想象。

生2：瀑布声里含着清脆的鸟叫声，也含有一滴滴的水声，像一首奏鸣曲。

师：你把刚才的瀑声结合进去了。（对大家）他可能还沉浸在刚才的瀑声里。

生3：瀑声清脆响亮，似千万只小鸟演唱的歌曲。

师：你也沉浸在瀑声里啊，刚才听到的是——

生3：清脆的鸟叫声。

师：来，谁也很想跟大家分享一下？

生4：鸟叫声是那么的清脆，那么的欢快，仿佛在演奏一首美妙的乐曲，令人陶醉其中，回味无穷。

师：把掌声献给何玲菲同学！她写出了自己听到鸟叫声的感觉。

生5：那纯正清脆的鸟叫声，仿佛乐堂中美妙的木笛声，使人将一切烦恼都抛到了九霄云外，令人回味无穷。

师：把掌声也送给徐一杰同学！他不仅想到了其他乐器的声音，还写了自己的感觉。我知道很多同学都想交流，来，把自己写好的句子大声地读一读。

（生朗读自己写好的句子）

六、朗读抒情，回归自然

师：聆听着大自然中这样的好声音，明代地理学家徐霞客，他完全沉醉了，如痴，如迷。此时此地此景，我们也完全沉醉了，如痴，如迷。难怪刚才有同学还一直不肯从瀑声中走出来，难怪作者发出了这样的感叹——

生：黄果树瀑布，一部大自然的杰作。

师："杰作"就是——

生：黄果树瀑布。

师："杰作"是不一般的作品，杰出的作品，黄果树瀑布就是大自然杰出的作品！让我们一起来读一读，一起来赞叹一下！

师、生（深情地赞叹）：黄果树瀑布，一部大自然的杰作！

专家评点

“童真语文”——拥抱真善美的语文

周一贯

“童真语文”是季科平老师提出的教学主张，这个命题的第一要义是需要回归儿童，第二要义是要回归真实。如果在课堂里老师更醉心于自我表演，醉心于如何给听课的老师、评委、专家留下一个好印象，而操弄自己的十八般武艺，追求那些花拳绣腿，结果往往会陷入追求虚假的误区。于是“去儿童”“去真实”就成了我们当前语文教学中存在的两个大问题。如果要我对“童真语文”来做一个界定，我觉得“童真语文”应该是真的儿童在求真的老师的引领下快乐地拥抱真善美的语文。这应当是我们“童真语文”追求的真谛。

从今天的课堂里，我们就看到了季老师关注的是真的儿童。他们有些人不太会说话，不太会读书，我们怎么去关爱他，引导他。季老师给我们展示了一种好的方法——“悄悄话”。他不会说，那老师就可以悄悄地告诉他，叫他学着说，这是必须的。他读书的速度很慢，季老师也给我们创造了一种新的方法，我认为可以叫作“陪读”。我们平时在课堂上看到学生自由读，其实都是变相的“齐读”，他们读书都是一样快的。可是今天我们看到了：一个学生读得很慢，其他学生先读完了，也来陪着他读。这样既不浪费等待的时间，也表示愿和这个学生一起努力；他在大家的帮助下，也不显得孤单。这就是我们要求的“真的儿童”。课堂里三十几个儿童发言，让三十几个儿童都有机会赢得话语权。如果老师不求真，那肯定是不会有这样的“真的儿童”的。

怎么让真的儿童能够去拥抱真善美的语文？所谓“真”，就是真实的，你会学就会学，不会学就慢慢学；你能读就读，不能读就慢慢读，都是求“善”。语文是科学的，它有自己的完善的知识体系、能力体系，这个知识体系和能力体系都是善的。而语文教学又是一门艺术，当然又是美的。我觉得“童真语文”的指导思想和理论基础就是两位哲人的话。一个是陶行知先生说的“千教万教教人求真，千学万学学做真人”；另一个就是著名诗人泰戈尔说的“一切教育都是从我们对儿童天性的理解开始”。我们的语文教育起点在哪里？就在儿童的天性。

在我们的“童真语文”课堂里，如何给学生更多的需求权、话语权和选择权？如在这堂课里，可不可以先提出问题：你觉得写那么多的瀑布的声音，是不是有些重复呢？你发现这些声音有什么不一样？学生可能会有各种不同的答案。有的会说不一样，那就是我们这堂课看到的描写的方法不一样，这就是季老师教的，她主要的思路就是这个思路——描写的方法不一样。也就是要更多地从欣赏角度去分析这篇课文。但是有些学生还可能会发现他听到的声音的地点不一样。我看有五个地点，分别是远处、近处、下行路上、谷底、离开以后（的路上），这就是第二种思路。一篇课文有多种多样的教法，我不想用我的这种理解来推翻这堂课的成功。我认为像季老师这样教也可以，但也仍然可以先让学生选择一下，让他们晓得描写的声音不一样，不仅是描写方法不一样，而且还有听声音的地点也不一样。

对课堂教学的研究，要有多种思路。以上两种方法都可以，而且我们可以侧重某一方面，而兼顾另一方面，让我们的课堂更加灵活些。采用哪一种思路，侧重哪一方面来学习，由学生的真实学情来决定。这样才能让我们的课堂真正能够体现儿童的意志，由被动学习真正转变为主动学习。

15

巧用工具，竖起一座红色精神的丰碑

——五年级《丰碑》教学

教学设想

2021年1月，教育部制定并印发了《革命传统进中小学课程教材指南》，其中明确指出：语文是落实革命传统教育的重要课程，在传承和弘扬革命文化中发挥重要作用。在语文课程中开展革命传统教育，有助于引导学生深刻体会革命精神、深入感受爱国主义精神，体认英雄模范的高尚品质。

在统编语文教材的编写中，随着年级的升高，逐步增加了革命传统教育的内容。小学阶段，共编入了近50篇革命教育题材的课文。这些选文对落实革命传统教育有着重要的作用，这些选文自然也是小学“红色经典课程”的重要内容。但如果只停留在这些选文上，自然还是不够的。我们要把教材中有关革命传统的其他内容都挖掘出来，纳入“红色经典课程”的范畴，比如“日积月累”里的相关内容，“阅读链接”的相关内容，等等，甚至还可以拓展开去，从一篇到一本，再阅读相关的红色经典书籍。《丰碑》原来是人教版五年级下册的选学课文，现行统编教材把它编排为五年级下册课文《军神》后的“阅读链接”。在这里，我根据实际的需要，把它纳入“红色经典课程”来展开教学。

《丰碑》又名《军需处长》，由李本深创作。《丰碑》按事情发展的顺序记叙了在风雪交加的行军途中，一位负责掌管棉衣等物资的军需处长因衣服过于单薄而被严寒冻死的感人故事。除了事情发展顺序这条线索，文中还有另一条隐含的情感线索，即军长思想感情的发展。通过对军长的侧面描写来烘托军需处长的品质，赞扬了军需处长毫不利己、专门利人、舍己为人的崇高精神，揭示了红军能够勇往直前、战无不胜的真正原因。为什么说被大雪覆盖的军需处长是一座晶莹的丰碑？首先从形象上看，被大雪覆盖着，确实像一座晶莹的丰碑。其次从精神上看，军需处长毫不利己、专门利人、舍己为人的精神是晶莹的，是不朽的，以军长为代表的战友们深深地被军需处长的崇高精神感动了。军需处长就是战友们心中的一座丰碑。

此类“红色经典文本”内涵丰富，人物形象鲜明，读来感人至深。但常因人文性较强，离学生的生活比较遥远，有时会难以引发学生的共鸣，容易演变成贴标签式的、空洞说教的思想教育，情感的熏陶和语言的训练常常会游离于文本之外。在这方面，我们可以运用“信息技术 +”，去搭建一座沟通的桥梁，去避免无痛呻吟的贴标签现象。借助技术去了解红色经典故事相应的历史背景，让品读红色经典作品的真学过程可视化，运用技术让儿童的学习疑问即时提交，学习感受即时呈现……在本案的学习中，我们巧妙地借助技术，使红色经典的强大精神力量与学语习文的实践活动得以互促互动，相辅相成。

教学实录

一、初解“丰碑”：丰碑是什么

（教师从“教学助手”资料中心调入视频《七律·长征》，供学生观看）

师：这是我们非常熟悉的——

生：《七律·长征》。

师：在毛主席的这首诗中，我们可以读出很多的故事。

生 1：从“金沙水拍云崖暖”读出“巧渡金沙江”的故事。

生 2：从“铁索寒”中读出“飞夺泸定桥”的故事。

生 3：从“更喜岷山千里雪”中读出“翻越大雪山”的故事。

生4：还有“巧渡金沙江”的故事。

师：是啊，我们可以在这首诗中读出一个又一个发生在长征途中的故事。今天我们要学的也是发生在行军途中的一个故事，也与翻越大雪山有关，它的题目叫——

生：丰碑。

师：这个“丰”在字典中有三种解释：①容貌、姿态美好。②盛、多。③大。“丰收”的“丰”选哪一个意思？

生：选第二个，“盛、多”的意思。

师：“丰碑”的“丰”呢？

生：应该是第三种“大”的意思。

师：是啊，“丰”是大的意思，“碑”就是指石碑。“丰碑”从字面上理解就是——

生：很大的石碑，高大的石碑。

二、再解“丰碑”：丰碑是谁

师：课前我们已经把课文读了三遍，现在请大家打开课本，快速默读课文，看看“丰碑”在课文中指的是谁呢？默读的时候请带上你的笔，画出相关句子。

（白板上出示课文图片，教师启动“互动课堂”的画笔功能，根据学生的交流，师生现场圈画了关键信息“冻僵的老战士”“军需处长”）

生：“丰碑”指的是一位冻僵的老战士。

师：请你告诉大家你是从哪里读出来的。

生：第7自然段的第一句话“一位冻僵的老战士，倚靠一棵光秃秃的树干坐着”。

师（连接两个自然段）：请大家把第7自然段和第1自然段连起来读一读，相信你会有新的发现。

生 1：当时的天气很冷，一直在下雪。狂风呼啸，大雪纷飞。

生 2：当时的天气十分恶劣。

生 3：用一个词来形容——“冰天雪地”。

生 4：风雪交加。

生 5：雪打在脸上肯定像针扎一样。

师：而老战士却穿着单薄破旧的衣服。

生 6：第 1 自然段还写着“严寒把群山冻成了一个大冰坨”。

师：是啊，何况是这位穿着单薄的老战士呢。我们读出了“丰碑”就是这位冻僵的老战士。有另外的答案吗？

生 1：请大家看第 13 自然段，后面直接写出了“丰碑”就是军需处长。

生 2：第 11 自然段写着“他就是军需处长”。

生 3：第 12 自然段也可以看出，“他深深地呼了一口气，缓缓地举起右手，举到齐眉处，向那位跟巍巍群山化为一体的牺牲者敬了一个军礼”。

师：是的，课文中一次次告诉我们，“丰碑”就是军需处长。你再看看，（指板书）这是两个人吗？

生：不是，这就是一个人。

师：冻僵的老战士就是——

生（齐）：军需处长。

师：军需处长就是——

生（齐）：冻僵的老战士。

师：你知道军需处长是干什么的吗？（出示资料）他在部队里掌管着所有的物资，也负责把东西发放给战士们。比如棉衣、棉裤。

生：我觉得这个军需处长非常伟大。他最不应该冻死，却冻死了。

师：是啊，军需处长是最不应该冻死的，此时，我们的脑海里浮现出一个大大的问号。

三、三解丰碑：梳理情感内蕴

师：军长面对这座丰碑，脑海里也有一个大大的问号。让我们默读第3～13自然段，用“____”画出体现军长情感的词句，细细体会，想一想军长的情感是怎样变化的。

（学生默读、圈画）

师：等同桌差不多学好了，你就可以和他交流。你说一处，他说一处，我们就会发现军长的情感在变化。

（师出示课文图片，启动“互动课堂”的画笔功能现场圈画关键词语，如“严峻”“愣”“吼道”“像一头发怒的豹子”等）

生1：请大家看第6自然段，“军长愣了一下，什么话也没说，快步朝前走去”。从这里我们读出了军长“惊奇”的情感，因为穿着棉衣棉裤一般不会冻死的。（师圈画“愣了一下”）

生2：我们在读第8自然段，军长看到冻僵的老战士后，脸上顿时阴云密布，嘴角的肌肉抽动了一下。我们从这里读出了他的生气。（师圈画“阴云密布”“肌肉抽动”）

同桌补充：从军长的神态可以读出他的生气，从他的语言“吼道……”也可以读出他的生气。（师圈画“吼道”）

生3：我们是交流后面的第9自然段，“他红着眼睛，像一头发怒的豹子，样子十分可怕”，此时，军长是十分的愤怒的。（师圈画“像一头发怒的豹子”）

同桌补充：从他的神情可以读出他的愤怒。

生4：可以读出愤怒的程度很深。我们刚学过的《桥》里，“老汉凶得像豹子”，军长的愤怒与老汉的愤怒一样。

（师发现“愤怒”的“愤”字学生板书出错，师悄悄提醒，让同桌“小老师”上台指导修改）

生 5：我想补充，第 6 自然段中有“军长愣了一下”，第 12 自然段中有“愣住了”。

师（圈画连线）：曹颖同学前后联系着读课文，她的发现真了不起！

生 5：第一个“愣”我觉得是很奇怪——为什么会有人冻死？第二个“愣”，他是感动了——没有想到冻僵的老战士居然是军需处长。

师：同样是“愣”的神态描写，情感一样吗？

生 5：不一样，第一个“愣”表达的是惊奇的情感，第二个表达的是感动的情感。

师：请你看一看，第 12 自然段中，除了感动，还有另外的情感吗？

生 6：我觉得还有敬佩，军长十分敬佩军需处长。

师：这里有感动，有敬佩。让我们一起来读读这个自然段。（师引读第 12 自然段）

师：作者通过军长的语言、动作、神态，为我们讲述了这一个动人的故事。在这个故事里，军长的情感有了非常明显的变化。开始是……

（教师根据学生的回答板画情感弧线）

师：为什么会有这样的变化呢？感到惊奇是因为——

生：有人冻死了。

师：感到生气是因为——

生：冻死的老战士没有棉衣穿，军需处长没有给他发。

师：感到愤怒是因为——

生：军长叫人把军需处长叫来，居然没有人回应他。

师：军长感动是因为——

生：没想到冻僵的老战士就是军需处长。

师：感到敬佩是因为——

生：军需处长是最不应该冻死的。

师：此时，军长心里有千言万语想对军需处长说，他可能也想问问军需处长——你自己的棉衣到哪儿去了呢……

军长愣住了，他怔怔地伫立了足有一分钟。他想：____。雪花无声地落在他的眼睑上，融化成了闪烁的泪珠……

师：请你打开作文本最后一页，从“他想”开始写，争取三分钟完成。

（教师启动“现场计时”功能，从“教学助手”资源中心调入音乐，让学生在音乐背景下抒写心曲）

师：现在我们开始收集作业。

（教师启动“作品收集”功能，学生运用自己的平板电脑自主拍照，将作品上传到大屏幕。教师启用“作品比较”功能进行现场讲评学习）

师：下面我们对比着来看一看，看一看徐涵同学和孔陈芳同学的作业。

生：军需处长啊，军需处长，你可以告诉我吗？你的心里究竟是怎么想的？在这个队伍里最不应该冻死的人就是你啊！你可以优先给自己发棉袄，可为什么最先冻死的人却是你呢？你为什么不给自己发棉袄啊？

师：这是徐涵同学的表达，一个个问号带着强烈的情感。

生：军需处长，你是最不应该冻死的人啊，可你却长眠在这雪山之中！你的作为让我敬佩，原本你可以穿上棉衣，而你却给了另外的战士。这样的一个举动，试问能有几个人可以做到呢！可你做到了，你的舍己为人的精神令我感动。军需处长，我会永远将你记在心中，你也会永存在战士们的心里！

师：孔陈芳同学运用了一个个感叹号来表达自己强烈的情感。现在请每个同学带着自己的情感，读一读自己的表达。

四、四解丰碑：升华情感

师：风更狂了，雪更大了。大雪很快覆盖了军需处长的身体，他成了一座晶莹的丰碑。（师根据板书画出丰碑）同学们，让我们再去看看这座丰碑，轻轻地、用心地读读这段文字。

（教师从“教学助学”资源库插入舒缓的音乐背景，多媒体出示课文第 7 自然段）

师：同学们，学到这里，你对“晶莹的丰碑”有了什么样的理解呢?

生 1：晶莹的丰碑不是一块巨大的石碑，它是冻僵的军需处长，它上面闪烁着军需处长的精神。

生 2：我觉得晶莹的丰碑首先指它的外表晶莹剔透。你看，“大雪很快覆盖了军需处长的身体”。当然更重要的是军需处长的这种精神是可以传承下去的。

生 3：一位冻僵的老战士，他被冻僵的时候，神情十分镇定，十分安详，这说明在发棉衣的时候，他就知道会有这一天。

师：他已经做好了牺牲的准备。

生 3：为战士而牺牲，为部队而牺牲。

师：把生的希望留给了战士。

生 4：虽然天气很冷，但军需处长的心里装着对战士们的关怀。他宁可自己冻僵，也要让战士们感到温暖。

师：让我们带着满怀的情感，一起读读第 13 自然段，让这座丰碑也在我们心中竖立起来。

（生齐读第 13 自然段）

师：开始的时候，军长还有这样的担心，因为这支队伍面临着这么恶劣的环境和残酷的斗争，你看看第 2 自然段，他们可能——？可能——？

生 1：可能吃不上饭。

生 2：可能睡雪窝。

生 3：可能一天要走一百多公里。

生 4：可能遭到敌人的突然袭击。

…………

师：难怪军长担心这支队伍能不能经受得住这样严峻的考验。但是你看一看原文的最后——

军长什么话也没说，大步走进漫天的风雪中。他听见无数沉重而坚定的脚步声……

师：那声音似乎在告诉军长——

女生（齐）：如果胜利不属于这样的队伍，还会属于谁呢？

师：那声音似乎在告诉人们——

男生（齐）：如果胜利不属于这样的队伍，还会属于谁呢？

（教师从“教学助学”资源中心调入音乐《七律·长征》）

师：是啊，那声音似乎在告诉全世界——

生（齐）：如果胜利不属于这样的队伍，还会属于谁呢？

师：现在，让我们开启“弹幕评价”，把你的感受浓缩为一句话写在平板电脑上，用弹幕的方式展示出来。

（启动“弹幕评价”功能，现场呈现学生的“弹幕评价”）

生 1：军需处长的这种精神，值得每一个人学习。

生 2：这样的队伍，还有什么是不能战胜的？

生 3：军需处长，你真伟大！

生 4：军需处长这样无私奉献的精神，值得我们敬佩。

生 5：军需处长虽然长眠在雪山中，但他的精神是会被永远传承下去的。

生 6：胜利一定属于这样的队伍！

……

师：就让我们在激昂的音乐声里，在充满情感的弹幕中结束今天的这节课。

专家评点

“信息技术 +”——“童真课堂”自主助学的利器

周一贯

“信息技术 +”时代对课堂教学改革的影响是全方位的。但首要在于如何将“信息技术 +”真正运用于“学为中心”的童真课堂，使其成为学生助学的利器。本案在这一方面做了有益的探索，值得我们关注。

一、调动场景，链接资源中心“穿越时空”，初识“丰碑”

“信息技术 +”为教学的课件制作提供了极大的便利，无论是物、人、文、画，还是历史镜头、域外风光，都可以“点”之即来，来之能用。教师导读《丰碑》，首要的是穿越时空，将文本置身于人类历史的伟大壮举“长征”的背景之下。教师正是通过互联网，运用了“教学助手”资源中心的优势，链接了其中《七律·长征》的视频，把学生的思绪带回那个叱咤风云的年代，不仅展现了行军路上的相关镜头，而且让《丰碑》与“翻越大雪山”直接联系。这既是对“丰碑”的初识，更是为学生自主解读课文的活动，做了必要的铺垫。

二、化讲为读，借白板功能现场生成，再解“丰碑”

在“学为中心”的童真课堂上，关键处在于如何克服教师“讲”得太多、沉迷于课文情节分析的弊病。要突破这个瓶颈，就必须化讲为读，让学生在教师的指导下自己去读懂课文。在这一方面，电子白板就发挥了重要作用。教师把课文中的重要句段展示在白板上，同时根据学生现场交流的情况，随时把学生的自读所得圈画在白板上。这既是学生的自学反馈，又是全班互学的评价交流。就这样，童真课堂里实现了两次“串读”。第一次串读，学生自读解决了“丰碑”是谁的问题——冻僵的老战士；第二次串读，学生更深地读懂了“丰碑”是谁——冻僵的老战士原来就是管供给棉衣的“军需处长”。这也有力地证实了学生是可以自己读懂课文的。教师的重要性仅在于组织和必要的引领，而不需要去全盘授予，做多余的情节分析。

三、直击重点，用画笔功能圈画图示，深解“丰碑”

作者通过军长的情感变化讲述了这个动人的故事，教师通过“信息技术 +”启动“互动课堂”的画笔功能，让学生自主梳理军长情感变化的过程。在交流的过程中，师生现场圈画体现情感变化的关键词“愣”“吼道”“像一头发怒的豹子”“肌肉抽动”“愣”“敬了一个军礼”，等等，自然形成了军长情感变化的一幅思维导图：惊奇——生气——愤怒——感动——敬佩。正是这样的启迪，让学生在童真课堂里拥有了更多的发现。如一位学生分析了军长的两次“愣”，为什么“愣”，这两次“愣”又有什么不一样？做了个性化的深究，是很有意义的自读生成。这足以说明课堂里通过“信息技术 +”是可以真正激起学生深度思考的，这样的深度来自学生自主学习的深度。至此，学生对“丰碑”的理解才真正达到了新的高度。

四、随堂运用，以反馈功能呈现学情，升华“丰碑”

强调“学为中心”的童真课堂一个十分重要的环节是在学习中运用，在运用中即时反馈，以求当堂提升。无疑，“信息技术 +”又成了落实这一环节的利器。学生自主读解了课文之后，教师要学生写写军长知道了冻僵的老战士正是管棉衣供给的军需处长时，会想些什么，这是一个颇具挑战性的随堂作业。数分钟后，教师启动“作品收集”功能，现场反馈，进行互评互改。这不仅强化了教师在至要处的导引，还能有效地培养学生评价、反思、修改的能力，使课堂上学生自学、同伴互学和教师指导融于一体，当堂自学、当堂运用和评改反馈由此一气呵成。在课堂学习进行到最后的环节，教师还启动了“弹幕评价”功能，让学生把自己的学习感受浓缩为一句话，敲打在平板电脑上（人手一个），完成后直接推送到大屏幕。很快，整个大屏幕上，学生满怀情感的学习感受如弹幕般呈现，带来了极强的冲击力。

谚云："工欲善其事，必先利其器。"教师要让"信息技术 +"真正成为童真课堂自主助学的利器。

16

用童真的纯情致敬最美逆行者

——六年级“为逆行者写写颁奖词”教学

教学设想

鼠年春节，新型冠状病毒肆虐，危及数以万计人的性命。一场没有硝烟的全民抗疫战争在党中央领导下快速打响。许许多多的人逆行而上，义无反顾地冲到抗疫前线，为我们筑起一道安全的屏障。84 岁的钟南山院士，他的一次次行程、一次次铿锵有力的发言成了我们最好的精神支柱；73 岁的李兰娟院士赴武汉抗疫不问归期；跟病毒打交道 29 年的少将陈薇出征武汉与病毒争分夺秒地赛跑；李文亮医生在抗疫的过程中为我们留下了永不消逝的“哨声”；还有数不清的奋战在疫情一线的白衣天使、人民解放军、公安干警、志愿者、社区干部、新闻记者……大疫当前，这场没有硝烟、刻骨铭心的抗疫大战每天更新，可以说这是一本新时代的“无字之书”。

我们眼前的每一个孩子，都承载着我们伟大的未来！他们都可能在未来的某一天，为人类的共同命运而战。而今天的他们正处于前所未有的抗疫生活中。在这特殊的抗疫时期，教育部办公厅、工业和信息化部办公厅联合发布了关于“停课不停学”的通知，通知中提出“坚持国家课程学习与疫情防控知识学习相结合，注重加强爱国主义教育、生命教育和心理健康教育”。眼前发生的一切，对学生来说就是一本最好的教科书。

陶行知先生说：“在一般的生活里，找出教育的特殊意义，发挥出教育的特殊力量。”生活含有教育的意义，何况这不是一般的生活，这是我们都未曾经历过的极为特殊的抗疫生活，它的教育意义、教育力量无可替代。

在引导学生阅读这本"抗疫"大书的同时，更重要的是要让学生置身其中时有更多的触动，并通过文字来表达自己的真情实感。于是我在设计上下功夫，设计出贴近学生实际的创意习作微课程，让学生在创意表达的过程中感同身受，赢得精神上的成长。链接"善待""文明""逆行""大爱""奉献""价值"等关键词，联系小学中高段学生学习的说明文、记叙文、诗歌等习作类型，考虑自媒体时代学生表达的多样性、丰富性和创造性，来完成本次"创意习作"微课程的设计。

通过课程实施，变革传统的读写链接方式，巧妙利用抗疫主题资料袋、抗疫人物资源包来推进创意表达的深入展开，在创意习作中强化真切的感受；通过课程实施，采用富有创意的多种形式展开创意表达的过程，有效促进读写思维的发展与提升，在抗疫背景下的语言文字浸润中促进学生自我成长。课程的主要内容包括：写有关"新冠病毒"的说明文；写"居家抗疫倡议书"；围绕抗疫图画习作；用诗歌来致敬；写抗疫中的那人、那事、那场景（记叙文）；写思辨性的文章；写想象作文；为逆行者写颁奖词。

全民抗疫中的每一个群体、每一个人、每一件事、每一个数据……甚至是每一个瞬间，都值得我们铭记。我们希望通过这样的"创意习作"微课程，让学生身历其中，受到触动心灵的教育，在真情的表达中赢得精神的成长。"为逆行者写颁奖词"就是一种很好的学习方式。用最美的文字致敬最美逆行者，传递向上、向善、向美的力量。事实证明，通过线上学习，一样可以顺利完成"写颁奖词"的学习任务。

教学设计

【教学目标】

1. 链接《感动中国》，感受颁奖词的语言特点。通过观看微视频、收集资料、提供资源包等手段链接抗疫现场，聚焦最美逆行者，了解人物事迹，充分激发撰写颁奖词的热情。

2. 借助写作范例，通过比较品读，领悟颁奖词的写作方法。在迁移运用中掌握颁奖词的写作要领，在与范例的比较中修改完善，进一步感受颁奖词的语言魅力。

3. 通过颁奖词的写作，更好地感受抗疫逆行者的伟大精神，让心灵经历一番洗礼。通过宣读颁奖词，让感动通过声音传递出来，传递向上、向善、向美的力量。

【教学准备】

学生准备：事先引导学生围绕“最美逆行者”收集资料，聚焦其中的一个人或一个群体来整理资料，并用思维导图的形式呈现。完成后，上传班级钉钉群学习分享。

教师准备：准备好“钟南山”“李兰娟”“陈薇”“李文亮”“白衣天使”这 5 个资源包，每个资源包里有微视频、诗歌、图片、文字材料不等。

【教学流程】

一、链接《感动中国》，初识颁奖词

1. 链接《感动中国》，聆听颁奖词。

观看 2018 年度“中国民航英雄机长刘传健”的《感动中国》颁奖时刻，聆听颁奖词的诵读：“仪表失灵，你越发清醒；乘客的心悬得越高，你肩上的责任越重。在万米高空的险情中如此从容。别问这是怎么做到的。每一个传奇背后，都隐藏着坚守和执着。”

颁奖词就是在某一主题的颁奖典礼上，对获奖对象的事迹所做的一种陈述评价性的礼仪文稿。从 2003 年至今，《感动中国》向全国观众推出了许多人物，每个人物身上都有一种让观众感到心灵震撼的精神力量。而“胆气亦英雄”的英雄机长刘传健就是其中的一个。

2. 链接抗疫现场，聚焦感动人物。

感动你我，感动中国，这世界有爱才转动！感动你我，感动中国，这世界有爱才永恒！鼠年春节，突如其来的新冠肺炎疫情，改变了我们的学习、生活。当我们安全地宅在家里的时候，有很多人逆行而上，义无反顾地站在抗疫第一线，为我们筑起了一道安全的屏障。

观看微视频《人民战“疫”》。引导交流从视频中或者从另外的途径知道那些逆行者：钟南山院士、李兰娟院士、少将陈薇、李文亮医生，白衣天使、人民解放军、人民警察、志愿者、社区干部、新闻记者，等等。

选择一个人或者一个群体，为他们写一则“感动中国”的人物颁奖词。

二、借助写作范例，品读颁奖词

1. 默读范例，感受语言特点。

颁奖词借助于优美的语言文字对获奖对象进行准确的陈述与评价。默读“感动中国组委会”写给刘传健的颁奖词，想一想颁奖词有什么特点。引导学生体会颁奖词情感性、深刻性、简洁性的特点。

2. 比较品读，领悟写作方法。

课件出示两则颁奖词范例：

> **屠呦呦**　青蒿一握，水二升，浸渍了千多年，直到你出现。为了一个使命，执着于千百次实验，萃取出古老文化的精华，深深植入当代世界，帮人类渡过一劫。呦呦鹿鸣，食野之蒿。今有嘉宾，德音孔昭。
>
> **郎平**　临危不乱，一锤定音，那是荡气回肠的一战！拦击困难、挫折和病痛，把拼搏精神如钉子般砸进人生。一回回倒地，一次次跃起，一记记扣杀，点染几代青春，唤醒大国梦想。因排球而生，为荣誉而战。一把铁榔头，一个大传奇！

比较着品读，看看两则颁奖词在写法上有什么共同的地方。

交流中提升，梳理其中的共性：（1）大处着眼，点明人物的事迹。（2）内涵提升，彰显人物的精神。（3）综合表达，饱含赞美的情感。

三、聚焦典型人物，学写颁奖词

1. 交流资料，定格“最美逆行者”。

学生利用制作好的思维导图，交流自己课前收集的资料，聚焦其中一个或一群逆行者。

2. 选择资源包，试写颁奖词。

学生自主选择相应的资源包进一步深入了解人物的事迹，感受他们崇高的精神。比如“钟南山资源包”里有微视频《钟南山，战役全记录》，诗歌《致敬钟南山》，新闻报道文字材料，等等。然后尝试为自己选定的典型人物撰写颁奖词。

3. 与范例比照，修改完善。

读读自己写的颁奖词，再读读组委会写给郎平的颁奖词，以“事迹 + 精神 + 赞美”来评价、修改自己写的颁奖词。

颁奖词除了正文，还可以有标题，比如为郎平写的“雄心志四海”，为刘传健写的“胆气亦英雄”，为屠呦呦写的“春草鹿呦呦”。尝试着为自己写的颁奖词也加上一个标题。

四、定格感动时刻，呈现颁奖词

1. 聆听颁奖词，引发感动。

颁奖词是拿来宣读的，聆听《感动中国》颁奖现场宣读的屠呦呦、郎平的颁奖词。

2. 宣读颁奖词，传递力量。

请你宣读自己为逆行者写的颁奖词，录下视频或音频，并将视频或音频上传班级群分享，传递向上、向善、向美的力量。

3. 创意呈现，升华情感。

除了宣读，我们还可以用自己最擅长的方式来呈现颁奖词。喜欢书法的，可以把颁奖词写成书法作品拍照上传；喜欢绘画的，可以配上图画做成绘本作品上传……

附学生撰写的颁奖词：

1. 钟南山　妙手仁心

疫情当前，临危不惧，耄耋之年，逆行而上。坚守医德，坚持真理！一次次与病毒奋战，挽救一条条生命，这就是您最真实的写照。妙手仁心，有您，就有希望。

（撰写者：漓渚镇中心小学六1班　付伊一）

2. 钟南山　民族脊梁

在这病毒肆虐的世界里，您安排了满满当当的行程，用有限的时间去救治更多的病人，把“医者仁心”体现得淋漓尽致。您用一生的忠诚和热情去对待医学，拯救民众。84岁的您向世人诠释了什么才叫老当益壮，什么才是民族脊梁。

（撰写者：漓渚镇中心小学六1班　张经昊）

3. 钟南山　救治天下

17年前，您主动请缨——把最危重的病人都送到我这里来；17年后，84岁高龄的您再次奔赴抗疫第一线。您用精湛的医术救治病人，您用坚定的话语安抚人心，您让人们对战胜病毒充满信心。一袭白衣，一双妙手，救治天下。您是院士，您更是一位顶天立地的英雄。

（撰写者：漓渚镇中心小学六1班　何宇晨）

4. 李兰娟　抗疫不问归期

您放弃了教师职位，成为一位医者。鼠年春节病毒肆虐蔓延，73岁高龄的您逆行而上，勇敢地冲到第一线，第一个喊出了“封城”的声音。您分明就是冲锋陷阵的白衣战士，武汉抗疫不问归期。您坚持不懈的战斗，为大家点亮了前行的光明。您因人民而生，为国家而战。

（撰写者：漓渚镇中心小学六1班　周涵颖）

5. 陈薇　奉献无止境

她与“毒”共舞29年，从SARS到埃博拉再到新冠病毒……哪里有疫情，她就出现在哪里。如今她毅然地逆行而上，出征武汉。从进入疫区的那一刻起，她就开启了“忙到起飞”的模式，与病毒争分夺秒地赛跑。研究病毒，救死扶伤，一刻也不停息。“穿上这身军装，一切都是我应该做的。”这便是她的至理名言。她的爱心，她的奉献永无止境。

（撰写者：漓渚镇中心小学六1班　何成城）

6. 李文亮　吹哨向光明

病毒肆虐，鬼魅压境，他挺身而出吹响了尖锐的哨声，说出了别人不敢说的真话，而成了所谓的“谣言”传播人。他身着一袭白衣，含泪转身奋战在抗疫的战场上，直到牺牲了自己的生命。他是一个敢作敢当的好汉，他是一个为光明而死的战士，他是一个气壮山河的英雄！

（撰写：漓渚镇中心小学六1班　郭雅婷）

7. 白衣天使　用生命守护大爱

疫情便是命令，在这场没有硝烟的战场上，无数的白衣天使成了战士，递上了一份份坚定执着的请战书，按下一枚枚热血沸腾的手印。她们只留下一个个温暖而倔强的逆行背影，同舟共济迸发出无限的力量，不计报酬、无论生死，严阵以待，用信仰，用科学，用毅力守护一个个家，一座座城。用生命守护大爱，守护14亿中国人。

（撰写者：漓渚镇中心小学六1班　徐佐萱）

专家评点

儿童写作——从真挚的生命、真实的生活起步

周一贯

小学生为什么怕写作文，也许原因很多，但其中最主要的是他们错误地认为：作文不是写自己的真切思想和真实生活，而是要按照另一种有严格标准和套路的话语编制。这不能不让孩子陷入恐慌和束手无策。

写真切思想和真实生活，应该是不受狭隘命题束缚的儿童写作活动，但如果教师能够改变命题的主观性和绝对化，写命题作文也一样会有一派儿童生机。本案可以说是一个成功的例证。

在鼠年春节，新型冠状病毒肆虐全球之际，我国学校停课但学生不停学，在语文教学中，让学生学什么？教师让学生为在全民抗疫的这场战争中逆行而上，义无反顾地冲到抗疫第一线去的勇士们书写颁奖词，这便是一个极富儿童生机的写作选题。因为它完全植根于儿童的真实生活，连动着他们的生命真情。

正是抗疫期间的停课不停学，正是抗疫期间全国人民无论老少都关注的冲向抗疫第一线的逆行者深深牵动着大家的心，正是对那些逆行者的战绩和生命安全的关心……使书写颁奖词有了真实的生活体验和真切的生命跃动。

当然，命题好并不等于就不需要贴切的教师引领和周密的教学设计，在这方面，从“教学目标”的确定到“教学准备”的充分，再到“教学过程”的周密安排，都同样需要教师的“一丝不苟”。我们可以充分感受季老师循循善诱的教学艺术。如，从链接《感动中国》，初识什么是“颁奖词”入手，到链接抗疫现场，聚焦逆行人物的感人事迹展开，再到回顾品读《感动中国》

的颁奖词，品味评析其篇章结构和语言风格，然后再让学生领悟其写作方法……这些过程体现了由感到悟、从读到写的升级赋能，为本次写作活动奠定了由仿到创的基本条件。

但是“颁奖词”毕竟是一种新时代才出现的文体形式，在客观上有因其深度而带来的难度，在学生学习过程中不可能一步到位。如从学生的一些写作中，我们就不难发现有一个人称问题——用第三人称“他”有违“颁奖词”的文体特点。显然，颁奖词是颁奖给受奖人时的赠言，应该用第二人称或不出现人称为妥，如果用上“他”便成了对别人而言，似乎就不当了。

五 同课异构阅读

17

《雷雨》同课异构教学

课文

雷　雨

满天的乌云，黑沉沉地压下来。树上的叶子一动不动，蝉一声也不出。

忽然一阵大风，吹得树枝乱摆。一只蜘蛛从网上垂下来，逃走了。

闪电越来越亮，雷声越来越响。

哗，哗，哗，雨下起来了。

雨越下越大。往窗外望去，树啊，房子啊，都看不清了。

渐渐地，渐渐地，雷声小了，雨声也小了。

天亮起来了。打开窗户，清新的空气迎面扑来。

雨停了。太阳出来了。一条彩虹挂在天空。蝉叫了。蜘蛛又坐在网上。池塘里水满了，青蛙也叫起来了。

教学设计

认识变化之美 激发学习之力

——二年级下册《雷雨》（第一课时）教学设计A案

张修文 何晓

【教学目标】

1. 能正确地朗读课文，会书写“越、压、蜘、蛛、虹、蝉”等生字。

2. 重点理解“越……越……”和“渐渐地，渐渐地”这两个特殊词语形式所表示的意义且能加以运用。

3. 能发现课文中隐藏的变化，并用“越……越……”说一说，再通过观察变化，来厘清文章脉络。

【教学流程】

一、猜谜导入，引出课题

1. 通过猜谜语“千条线，万条线，落入水中都不见”来引出“雨”，并引导学生给“雨”找朋友。

【设计意图】从猜谜入手，引出各种雨，自然地导入到本课的“雷雨”，这样一开始就激发了学生浓厚的学习兴趣，且为下一步教学做好了铺垫。

2. 通过观察“雷雨”二字，引导学生发现“雨字头”和“雨”字的不同写法。

3. 帮助学生积累“雨字头”的、与天气现象有关的字。

带“雨字头”的字，通常和水、天气现象有关，引导学生列举积累。

二、初读课文，直击“雷声”

1. 动画范读，激发兴趣。

欣赏动画，走进这场雷雨，激发学生的学习兴趣。

【设计意图】音频的范读，视频的欣赏，既能唤醒学生对雷雨生活经验的记忆，又能激发他们内心的学习欲望。这种“语文 + 互联网”的方式，较好地体现了语文课程的多元整合。

2. 自读课文，读通语句。

出示自读要求：读的时候要读准每个字音，读通每一句话，碰到难读的地方，请多读几遍，争取把课文读通、读顺。

3. 再读课题，寻找雷声。

课文的题目是——雷雨，那课文中哪几句话描写了雷声？请学生用横线把它们画下来。

4. 交流并读好写雷声的两句话。

句子 1　闪电越来越亮，雷声越来越响。

引导：开始的时候，闪电是暗的，渐渐地，渐渐地，闪电——亮了，我们就说闪电越来越——亮；开始的时候，雷声是小的，渐渐地，渐渐地，雷声——响了，我们就说雷声——越来越响。那么现在，就让我们采取合作读的方式，把这种感觉读出来。

教学“越”字。（引导学生观察字形并范写）

引导：请同学们仔细观察这个字，你发现了什么？“越”是半包围结构走字底，要写好这个字，“走字底”特别关键，老师这儿有句顺口溜可以帮助你们写好它：上面“土”字稍倾斜，下面“人”字要伸展。

【设计意图】要写好“越”字，掌握“走字底”的书写是关键。在观察字体中，学生明白了“越”字的结构，而顺口溜的方式，更让学生牢记了各笔画的位置，从而让他们感受到了文字的形体美，激发了学生写字的兴趣。

句子 2　渐渐地，渐渐地，雷声小了，雨声也小了。

老师范读，引导学生把雷声、雨声读小。

引导：开始的时候，雷声是大的，渐渐地，渐渐地，雷声小了，我们就可以说雷声越来越——小；开始的时候，雨声是大的，渐渐地，渐渐地，雨声也小了，我们就可以说雨声——越来越小。

请学生用上“越……越……”来说说事物的变化。

【设计意图】教师巧妙地引导学生提取了重点句子，读懂了雷雨中的变化。“越……越……”是本课特有的语言现象，且反复呈现。教师采取师生合作读的方式，让学生在读中感受闪电、雷声的变化，进一步引导学生明白“越……越……”其实就表示事物在发生变化。接着再鼓励学生跳出课文综合运用，将课内习得转化为语文能力。

三、再读课文，梳理变化

1. 再读课文，尝试表达。

引导：简简单单几个“越……越……”生动地写出了雷雨时的变化，像这样的变化，其实咱们的课文中还有好多好多，请大家再读读课文，待会儿老师也请你用上“越……越……”既清楚又明白地说一说。

2. 交流变化，重点指导。

在交流的过程中让学生在作业纸上书写______越______越______，随机有条理地贴上黑板。

【设计意图】结合文本的特点以及学生的生活经验，挖掘更多潜在的“越……越……”，为进一步梳理文本打下基础。在教学中，教师引导学生在读中发现，并把他们的发现作为奖励贴到黑板上，学生们情绪高昂。

交流变化时重点导读——“满天的乌云，黑沉沉地压下来”。

（点击电脑，屏幕中一片片的乌云叠加，布满整个天空）

引导：哇，天空中的乌云——越来越多，谁能把那么多的乌云读出来？

教学生字“压”。

【设计意图】课件形象地展示乌云变多的场景，能让学生直观地感受到乌云在变化，进而体会“越来越多”的含义。

3. 回顾变化，梳理全文。

老师把这些变化分成了三组，为什么这样排呢？请学生发现秘密。（引导学生观察板书，发现第一部分都是发生在雷雨前，第二部分都是发生在雷雨中，第三部分都是发生在雷雨后）

四、观察字形，写好生字

1. 字理识字：虹。

引导：彩虹是天上的一道亮丽风景。那么美的一个字居然是虫字旁的。原来啊，古人以为虹是龙在雨后的显现，在甲骨文中，“虹”就像一条长蛇，后来，在小篆中就变成了左（虫）右（工）的形声字，而现在我们看到的“虹”字是直接由小篆演变而来的。

（课件出示“虹”的字理）

【设计意图】用字理教学法教学“虹”字，不仅让学生熟记了字形，明白了“虹”为什么是“虫字旁”，还很自然地过渡到本课其他“虫字旁”生字的教学，令识字教学不再枯燥。

2. 归类识字：虹、蝉、蜘蛛。

引导：“虫字旁”的字不仅和爬行类有关，其实还和昆虫有关，例如课文中的——蝉、蜘蛛。咱们一起叫叫它们的名字。（出示“蝉”“蜘蛛”的图片和生字）现在，请大家仔细观察它们的结构，你发现了什么？再观察这些字的笔画在田字格中的位置，你又有什么要特别提醒大家注意的呢？

3. 重点指导：书写“蜘”“蛛”。

【设计意图】在那么多“虫字旁”的生字中，教师特地挑选了“蜘”和“蛛”进行重点教学，是为了让学生掌握左中右结构和左右结构字的不同写法，并且在观察中发现两个“虫字旁”在不同结构的字中大小是不一样的。

生书写，师巡视、点评。

巧妙链接，趣解“雷雨”现象

——二年级下册《雷雨》（第一课时）教学设计B案

【教学目标】

1. 链接音频，用心聆听“雷雨”的声音，并自然地了解“雷”“雨”的文字现象。通过动作、图片、动画等方式自主认识“垂”字，认真学写“垂”字。

2. 通过自由朗读、同伴共读、老师助读等方式把课文读正确、读流利。链接图画，巧妙梳理文章脉络，自主点击篇章现象。积累“……越……越……”的句子，在积累中自然学会“越”字。

3. 通过多种形式品读“雷雨中”这一部分，自然解读课文语言现象。链接视频，真实再现生活里的雷雨场景；激活想象，做超越文本的自由表达。初步感受散文描写的生动和优美。

【教学流程】

一、链接音频，了解文字现象

1. 聆听声音，畅谈感受。

静下心聆听雷雨声后交流感受，交流的过程中在黑板上出示单个的“雨”字、“雷”字。

2. 直击字源，发现秘密。

出示“雨”“雷”（甲骨文字体），请学生谈发现。

点击：老祖宗根据雨点的样子造出了“雨”字，真不简单！

出示“雷”的文字演变过程，教师引领提升。

点击：老祖宗巧妙地通过文字的样子悄悄地告诉我们“雷”的意思。

3. 比较字形，发现变化。

板书“雷雨”，请学生仔细观察变化并交流。

【设计意图】链接音频，先声夺人，让儿童静心聆听来自大自然的雷雨声，通过声音初步感知雷雨。紧紧扣住“雷”“雨”这两个字，直击字源，发现隐藏在其中的文字现象。然后继续引导儿童比较“雷”和“雨”，辨别“雨”字和“雨字头”。相信这样的文字现象会给儿童留下非常深刻的印象，悄然地在儿童心间播下一颗热爱汉字的种子。

二、链接插图，点击篇章现象

1. 通读课文，初感雷雨。

用 3 分钟的时间自由地、大声地读课文，读完一遍，马上和同桌一起开始读第二遍，争取把字词读准，把句子读通。有问题的，可以向老师发出求助信息。

2. 链接插图，梳理脉络。

仔细观察文中的两幅图画，想想分别描画的是什么时候的景象。思考交流：课文的哪几个自然段是描写第一幅图画的，哪几个自然段是描写第二幅图画的。

读第 1 ～ 3 自然段，思考交流：这几个自然段是描写什么时候的景象的。

【设计意图】链接图画，需要儿童有细致、敏锐的观察力，能够迅速读出图画中的关键信息。引导儿童在读图的基础上快速读文，边读边发现，争取图文一一对照，这样的图文对照充满了趣味，降低了学习的难度，儿童在饶有兴趣的对照过程中自然而然地了解了文章的篇章结构（雷雨前—雷雨中—雷雨后）。

在朗读过程中随机落实生字“垂”的教学；试着做“垂”的动作；先看蜘蛛垂下来逃走的过程，再看杨柳垂下来的画面，链接“垂柳”“万条垂下绿丝绦”，引导学生理解“垂”的意思；说说“垂”字书写时特别要注意什么，观察动画演示书写的过程，学生当堂练习书写，提醒学生注意写字的姿势。

根据学情提炼“越……越……”。

利用图画及板书梳理文章脉络：雷雨前—雷雨中—雷雨后。

【设计意图】采用“动画引趣法”“图画引趣法”等方法来理解生字“垂”，这样的过程让儿童自然而然地理解了“垂”的意思，并通过链接“垂柳”“万条垂下绿丝绦”内化儿童的理解。通过观察交流，通过辅助线提醒，让儿童自然明白书写的注意点，动画演示更是让儿童直观地感受了“垂”的书写过程，更有助于儿童写好这个字。

三、链接视频，解读语言现象

1. 借助朗读，走进课文里的雷雨。

找出带“雨”的句子，发现“雨”的变化。

通过朗读体现：哗，哗，哗，雨下起来了。

通过朗读体现：渐渐地，渐渐地，雷声小了，雨声也小了。

根据学情点击“越……越……”，比较并展开朗读“雨越下越大”与“雨越下越大。往窗外望去，树啊，房子啊，都看不清了”。

2. 借助视频，链接生活里的雷雨。

师生一起欣赏“雷雨”视频。交流视频里雷雨中的景物，根据学情指导表达。

3. 借助表达，激活儿童心中的雷雨。

写写自己心中的雷雨；选择自己印象最深的一个场景；通过一两样景物，写出“雨下得很大很大”。

书面练笔：

雨越下越大。____

____。

独立练笔（独学）—同伴交流（对学）—集体交流、合作生成（群学）

【设计意图】从音频到图画，再到视频，一次次的巧妙链接，让儿童真正走进“雷雨”的世界。借助朗读，引导儿童走进课文里“雷雨中”的语言文字，品味雷雨从大到小的变化；借助视频，引导儿童走进生活里的“雷雨中”，再现雨越下越大的生动场景；借助表达，激活想象，引导儿童走进自己心中的那场雷雨。这样的迁移自然而真实，这样的推进逐步而有效，这样的表达率真而有趣。

4. 借助积累，落实语言文字。（机动）

完成作业纸上的积累作业，当堂积累句子“……越……越……”。

专家评点

注重体验乃学生“真学”之源

周一贯

“同课异构”各有千秋，应该是所有备课活动中的“原生态”。因为不同的老师理念有别、解读各异，加上教法不同，自然会对同一篇教材有不同的教学设计和别样的课堂呈现。这虽然不能以一种绝对的优劣做简单的判定，但却可以在比较中见其端倪，思而有得。

阅读课堂教学的发展，一直存在着两种学习形态。这便是侧重于“授受学习”还是“体验学习”的考量。二者都重视学生的学习，但在学习过程中前者偏重于教师的传授和学生的接受，而后者则注重在教师的引导下让学生去感性地自主体验以获取认知。当然，“授受学习”并不等于没有某些体验活动，而“体验学习”也并不排斥必要的授受，只是在指导思想和操作方式上有不同的侧重而已。

所谓“体验”，《辞海》的解释是“亲身经历，认识周围事物”。具体地说，体验是要尽可能让儿童亲力亲为（包括调动已有的生活经验）去感受事物，从而达到个性化的理解。体验是儿童主体的感觉、知觉、移情、想象、思悟等多种活动的引发、碰撞、交融、激活。它既符合儿童爱动、好奇的心理认知特点，又符合语文课程具有文学性的教学规律，更体现了面向未来的人才培养模式。须知在“语文课程标准”中，“体验”一词累计出现了多次，于此亦可见一斑。

应当说这两个设计都相当不错，我们不妨从“体验”的视角来做些审视和思索。

一、从“教材分析”的立场看

教师教材分析的视角往往与教学方式方法的实施有着内在的密切联系。张修文、何晓的设计（以下简称“A 案”）重点在抓住雷雨前、中、后的自然景象的不同特点，找出变化，来让学生体会大自然的“变化美”。理性的论述比较简洁、准确。在教学指导思想上体现了紧扣教材内涵、立足课本的立场。相比较，季科平的设计（以下简称“B 案”）更多地注重具体的解读过程，所以有些冗长。但字里行间不难看出侧重的是对雷雨过程的感性思维，即更多关注如何让学生去体验课文，体验课文如何按雷雨前、中、后的顺序清晰地展开描写，如何“特点鲜明”“写景逼真”，让学生能感受到“一场雷雨就在眼前”。

这两种分析解读方式的区别，虽然各有短长，但教师的解读分析，与以哪种方式更适合引导儿童进入文本有内在关系。

二、从“教学目标”的定位看

A 案的“教学目标”定位简洁明白，重在知识与能力的落实。B 案的定位更具体：一是强调了重点，如识字中的“垂”字；二是关注了通过怎样的手段来达成目标，如“链接音频、链接插图、链接视频”“通过动作、图片、动画等方式”“通过多种形式品读”等。虽然文字多了点，但可以看出教学相当重视达成目标的手段。把“目标”和“手段”结合起来表达，我们不难理解这就更好地体现了教学目标的“三维”要求。

三、从“课时容量”的安排看

A 案的课时容量，具体框定在“引出课题”“初读课文”“直击雷声”“梳理变化”和“写字指导”。B 案的课时容量框定在“链接音频，了解文字现象”；“链接插图，点击篇章现象”；“链接视频，解读语言现象”。两个课案的容量有相仿之处——都重视初读，都重视文字，都重视篇章结构。A 案是通过“梳理变化”来了解篇章结构的，而 B 案是通过插图来点击篇章现象的。相比较而言，B 案的课时容量更大些，它比 A 案多出了一个部分，即第三部分“链接视频，解读语言现象”，这一部分直指“雷雨中”。借助朗读，带学生走进课文里的雷雨；借助视频，链接生活里的雷雨；借助表达，激活学生心中的雷雨……这里的书面表达，让学生来写写自己心里的雷雨，通过一两样景物，写出“雨下得很大很大”，较好地强化了语言文字运用。

四、从“教程推进”的方式看

教程推进的过程和方式是阅读教学的具体实施与效益追求，全面体现了教师的教学理念和教学艺术。由此细察 A 案，比较重视教学点的落实、教师的阅读引导和课堂掌控。这样的课堂一板一眼，学生的接受会比较扎实，也便于教师的教学实施。相比较而言，B 案的差异性就比较明显——强调感性的熏染、多方体验的调动。如课始时从链接音频、聆听声音、交流感受入手，调动学生前阅读的生活经验，感性地强化体验，并辅以交流来深化体验。知识点的落实则自然地渗透其中，如联系甲骨文中“雨”的象形造字和“雷”的字形演变学习“雷”和“雨”两字。注重的正是学生的兴趣、经验和体验。这种系于形象和体验的教学策略基本上渗透了全案。如在“雷雨中”的环节里，借助生活中的雷雨视频（教师自己制作），有效地唤起了学生丰富的生活经验，突破了课文的束缚。教师在唤起学生生活经验的同时，自然地联系“越……越……”，落实这一句式的知识点，从而将生活体验感受和语文知能落实揉成一团，同时达成。须知今天的阅读课文，基本上是文学作品，教师不宜过分理性地落实语文知识，训练语文能力。所以，阅读教学能基于体验学习值得提倡，应当说注重体验才是阅读教学寄于熏陶感染的“真学”。

18

《麻雀》同课异构教学

课文

麻　雀

我打猎回来，走在林荫路上。猎狗跑在我的前面。

突然，我的猎狗放慢脚步，悄悄地向前走，好像嗅到了前面有什么野物。

风猛烈地摇撼着路旁的白桦树。我顺着林荫路望去，看见一只小麻雀呆呆地站在地上，无可奈何地拍打着小翅膀。它嘴角嫩黄，头上长着绒毛，分明是刚出生不久，从巢里掉下来的。

猎狗慢慢地走近小麻雀，嗅了嗅，张开大嘴，露出锋利的牙齿。突然，一只老麻雀从一棵树上飞下来，像一块石头似的落在猎狗面前。它挓挲起全身的羽毛，绝望地尖叫着。

老麻雀用自己的身躯掩护着小麻雀，想拯救自己的幼儿。它准备着一场搏斗，可是因为紧张，它浑身发抖，发出嘶哑的声音。在它看来，猎狗是个多么庞大的怪物啊！可是它不能安然地站在高高的没有危险的树枝上，一种强大的力量使它飞了下来。

猎狗愣住了，它可能没料到老麻雀会有这么大的勇气，慢慢地，慢慢地向后退。

我急忙唤回我的猎狗，带着它走开了。

——本文作者是俄国的屠格涅夫，译者巴金，选作课文时有改动。

教学设计

研“写”，习“法”

——四年级上册《麻雀》教学设计A案

王芳

【教学目标】

1. 随文认读6个生字，难读字集中突破；会写13个生字；会写“猛烈”“搏斗”“掩护”等17个词语（字词书写均在课后落实）。

2. 了解怎样能“把一件事写清楚”的具体方法：按一定的顺序把事情写清楚（起因、经过、结果）；把看到的、听到的、想到的写下来，清楚展现事情发展过程中的重要内容。

3. 初步感受课文中“对比”的写作方法，能够尝试运用“对比”进行写作。在了解写法的同时，感受老麻雀身上体现出来的母爱。

【教学时间】

1课时

【课前预热】

让班里的“故事大王”讲讲已学故事《普罗米修斯》，用卡片（思维导图）的形式梳理故事的起因、经过和结果。小结指出：像这样，按起因、经过、结果的先后顺序，一步一步往下说（写），就能把一件事情说（写）清楚。

【设计意图】以讲故事的方式开场，活跃课堂气氛，营造学习氛围。选择的故事又是已学课文，复习旧知链接新知，又直奔主题，一举两得。

【教学流程】

一、初读梳理，学习字词

1. 在俄国作家屠格涅夫笔下，两只麻雀和一条猎狗之间发生了一个惊心动魄的故事。自由读课文：①圈出难读的字词；②按起因、经过、结果的顺序梳理出故事大意。

2. 交流难读字词（巡视学情时记录学情），反复读突破。

嗅　摇撼　无可奈何　挓挲　掩护　拯救　嘶哑　庞大　愣住

【设计意图】字词的学习不作为重点，从学情出发，快速高效地扫除字词认读和理解上的障碍，把更多的时间留给对课文写作方法的研究与学习。

3. 两只麻雀和一条猎狗之间（贴图）发生了什么事，按起因、经过、结果依次说说。

【设计意图】以思维导图的方式，提取课文内容信息，同时梳理事情的前因后果，快速切入单元习作要素。

二、研读写法，学习写法

1. 按顺序记叙。

（1）分别按起因、经过、结果的事情发展顺序引读课文相应段落。

这件事的起因是——（第 1 小组读）

这件事的经过是——（第 2 小组读）

这件事的结果是——（第 3 小组读）

（2）问第 4 小组的同学：你们觉得按照起因、经过、结果这样的顺序说下来，能把一件事情说清楚吗？

（3）小结：按照起因、经过、结果这样的顺序，能把一件事情的来龙去脉说得很清楚。我们在写作的时候，也可以试试。

【设计意图】以分组按序轮读的方式再次感受按一定的顺序能把一件事情写清楚，同时又通读课文一次，加深对课文内容的整体感知。

2. 多角度描写。

（1）快速默读全文，分别用三种不同的符号画出写老麻雀、猎狗、小麻雀的句子。

（2）同桌选一种角色的相关句子仔细读，看看作者是从哪几个角度把这一角色的表现写清楚的。

（3）尝试交流，以老麻雀为例对写作方法进行“剖析”，同时体会每一个“语点”对表达主题的作用。

老麻雀用自己的身躯掩护着小麻雀，想拯救自己的幼儿。它准备着一场搏斗，可是因为紧张，它浑身发抖，发出嘶哑的声音。

作者看到——（老麻雀用自己的身躯掩护着小麻雀）（它浑身发抖）

作者听到——（发出嘶哑的声音）

作者想到——（想拯救自己的幼儿）（准备着一场搏斗）（可是因为紧张）

（4）用同样的方法再次细读，交流其他的句子。

（5）小结：如果我们能把事情发展过程中自己看到的、听到的、想到的内容一一写下来，就能清楚展现事情发展过程中的重要内容了。这也解决了有些同学作文老写不具体的问题。

【设计意图】以具体语句为例进行“剖析”，将各“语点”一一呈现：从哪个角度写，为什么写，为什么这样写……进而习得写作方法。

3. 用对比凸显。

（1）故事中的三个角色出现在我们面前了：

一只（　　）的小麻雀　　一只（　　）的老麻雀　　一条（　　）的猎狗

（2）引导学习：大家还记得《陶罐和铁罐》吗？作者用对比的写法凸显了陶罐的谦虚和铁罐的傲慢，屠格涅夫也运用了这种写法。请大家快速默读课文，看看能找到几组对比。

（3）尝试交流，选一组说说，相互补充。

老麻雀与猎狗的对比：

A. 猎狗慢慢地走近小麻雀，嗅了嗅，张开大嘴，露出锋利的牙齿。

B. 可是因为紧张，它浑身发抖，发出嘶哑的声音。

C. 老麻雀用自己的身躯掩护着小麻雀，想拯救自己的幼儿。它准备着一场搏斗，可是因为紧张，它浑身发抖，发出嘶哑的声音。

小麻雀与猎狗的对比（略）。

（4）其实，不光两种角色间可以对比，同一种角色的前后也可以对比。引导发现：老麻雀害怕与勇敢的对比（略）；猎狗攻击与退缩的对比（略）。

（5）小结：通过这样的对比，一只勇敢、充满母爱的老麻雀的形象跃然纸上，让我们肃然起敬。对比，在写作中是一种常用又好用的方法，能够很好地凸显角色形象，帮助我们更好地表达。

【设计意图】事实上，对于四年级的学生来说，感悟文本的主旨并非难点，即使不引导，他们也能体会到。作者是如何表现这一主旨的，即怎么写，才是本次教学真正要落实的地方，也是编者把此文安排于习作单元的目的所在。由外及里探索写法秘妙，将教学点指向表达。

三、总结写法，引启后学

1. 说说你从《麻雀》一文中学到了哪些“写作小妙招”。

（1）按顺序写清楚。

（2）多角度去描写。

（3）用对比来凸显。

2. 我们又能从第 17 课《爬天都峰》一文中学到哪些“写作小妙招”呢？敬请期待——

【板书设计】

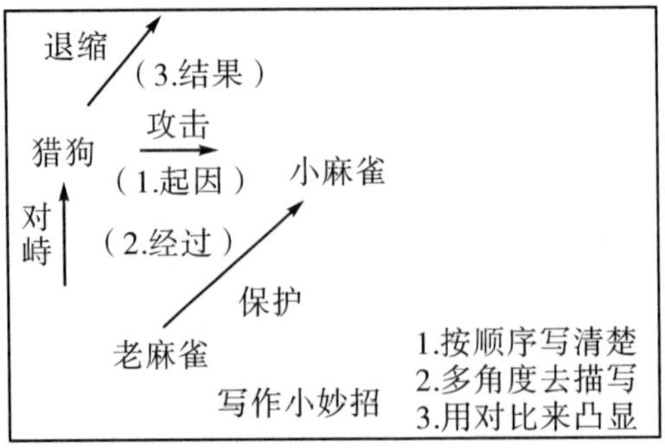

以童为本，解读表达秘妙

——四年级上册《麻雀》（第一课时）教学设计 B 案

【教学目标】

1. 随文学写“愣、呆”，分类学写“躯、掩、护、幼、搏”等。通过互帮互助，正确、流利地朗读课文。

2. 通过示意图的辅助，自然厘清文章脉络，知道课文写了一件什么事，并了解事情的起因、经过与结果。

3. 通过品读课文，抓住老麻雀动作描写的相关语句，读懂“老麻雀无畏的亲子之情”。通过比较阅读真正理解语言，发现表达的秘妙。

【教学流程】

一、关注篇章页，激兴导课

1. 学习篇章页。

出示篇章页，请学生说说了解到的内容。理解人文主题：我手写我心，彩笔绘生活。

回顾已学的习作单元：三年级上册的第五单元，以观察为主题；三年级下册的第五单元，以想象为主题。

了解本单元（四年级上册第五单元）语文要素：了解作者是怎样把事情写清楚；写一件事，把事情写清楚。

出示目录，清楚了解第五单元的学习内容，导入本单元第一课《麻雀》。

2. 猜想结果，直入课题。

思考：一只小小的麻雀落在一条庞大的猎狗面前，最常规的结果是什么？（板书：麻雀、猎狗）

【设计意图】习作单元是一个特殊的单元，学习伊始，首先引导学生回顾三年级已经学过的习作单元，在温故中知新。其次关注单元篇章页，梳理单元人文要素和语文要素，明确学习任务，并了解具体的学习内容。这样，让学生对本单元的学习有一个整体的认识，做到有的放矢。

二、初读课文，厘清脉络

1. 呼应提问，直击结尾。

读读课文最后两个自然段，看看结果怎样。“愣住”换一个词来说（呆住），学写“愣”和“呆”。结果是——猎狗被吓退了。（板书：愣、吓退）

2. 自由读文，通读课文。

这是一个出乎意料的结果。用 4 分钟的时间自由地、大声地读课文，碰到读不通的句子自己反复读几遍，争取把课文读通顺。碰到读不准的难词，把它画出来，寻求同桌的帮助，也可以向老师求助。

【设计意图】带着自己的猜想去阅读课文结尾，原先的猜想与真实结果的不一致会令儿童直接产生一种强烈的思维冲突。在这样的状态下，去展开课文的初读，儿童自然兴趣盎然。

3. 词语分类，初步感受。

看看屏幕上呈现的词语，谈谈自己的发现。

①呆呆地　无可奈何　拍打　嘴角嫩黄　长着绒毛

②嗅了嗅　张开大嘴　锋利的牙齿　庞大

③挓挲起羽毛　绝望地尖叫着　拯救幼儿　浑身发抖　发出嘶哑的声音　准备搏斗

第一类：描写小麻雀的。请女同学读，边读边想，再说说好像看到了一只怎样的小麻雀。（板书：小麻雀）

第二组：请男同学读，边读边想，好像看到了一只怎样的猎狗。

第三组：请全体同学读。

4. 借助图示，了解故事。

课文围绕麻雀写了一件怎样的事情？请学生快速浏览课文，边浏览边思考。学生讲述后利用以下图示了解故事内容。

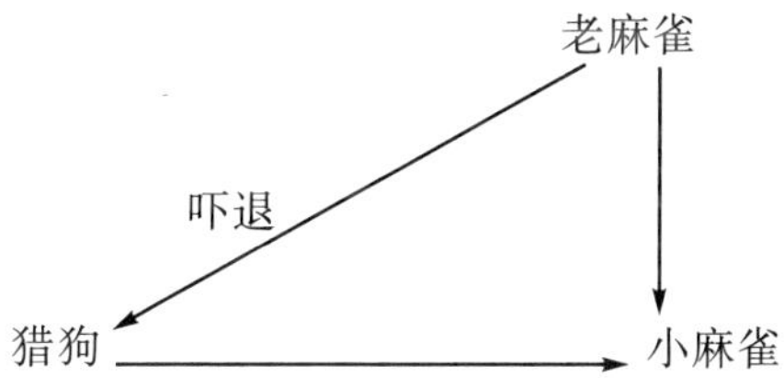

这件事的起因是……经过是……结果是……（在讲述的过程中提炼并板书另两边的关键词）指名讲述后，请与同伴一起说一说。

指名学生拿着板贴（起因、经过、结果），边说边贴到相应的位置。

出示表格，请学生看着表格和同伴说说事情的起因、经过、结果。

一件事	
起因	
经过	
结果	

了解了事情的起因、经过、结果，我们再来读读第三组词，说说看到了一只怎样的老麻雀。

【设计意图】分类学习词语，不仅仅是为了让学生读准生字、新词，更重要的是让学生初步感受小麻雀、猎狗、老麻雀的形象。“课文围绕麻雀写了一件怎样的事情”，先让学生浏览课文后来尝试讲述，然后再利用导图、板贴、表格，一步步推进，让每个学生都能把事情的起因、经过和结果说得更清楚。

三、品读课文，读懂“无畏”

1. 独学：默读课文，捕捉语句。

默读课文的经过部分，想想课文是怎么样把“老麻雀的无畏”写清楚的。画出描写老麻雀动作的句子，细细体会。

2. 对学：同桌交流，丰富认识。

和同桌交流交流，分享学习收获，让“我的认识”变成“我们的认识”。

3. 群学：集体交流，体会情感。

点拨之一：它挓挲起全身的羽毛，绝望地尖叫着。

通过查词典可以知道，“挓挲”的意思是伸开、张开，怎样的张开才叫挓挲？它挓挲起全身的羽毛，绝望地尖叫想告诉猎狗什么？

点拨之二：突然，一只老麻雀从一棵树上飞下来，像一块石头似的落在猎狗面前。

老麻雀那么娇小，怎么可能像一块石头？

【设计意图】聚焦“老麻雀的无畏”展开深入的学习，抓住描写老麻雀动作的句子细细品味，从“独学”到“对学”再到“群学”，展开了充分的真学过程。在集体交流、点拨引导的过程中，真正体会老麻雀无畏的情感。

四、比较阅读，发现秘密

1. 调换排列顺序，深入发现。

多媒体出示：

> 突然，一只老麻雀从一棵树上飞下来，像一块石头似的落在猎狗面前。
>
> 它挓挲起全身的羽毛，绝望地尖叫着。
>
> 老麻雀用自己的身躯掩护着小麻雀，想拯救自己的幼儿。
>
> 它准备着一场搏斗，可是因为紧张，它浑身发抖，发出嘶哑的声音。

引导发现：描写是有顺序的。

2. 仔细揣摩，体会写法。

老麻雀的这些动作都是作者看到的，除了写看到的，作者还写了……

小结：作者边看边想，边听边想，作者就是从“看到的”“听到的”“想到的”把老麻雀的无畏写清楚的。

3. 出示感受，提升发现。

读读这一段话：

在它看来，猎狗是个多么庞大的怪物啊！可是它不能安然地站在高高的没有危险的树枝上，一种强大的力量使它飞了下来。

这一段话写的是……引导学生思考：这一段话可不可以不写？

俄国著名作家屠格涅夫围绕看到的、听到的、想到的把老麻雀的无畏写清楚了。

【设计意图】在调换顺序的比较阅读中，引导学生发现表达的第一个奥妙——“描写是有顺序的”；通过仔细揣摩，引导发现表达的第二个奥妙——“不仅写看到的，还写了听到的、想到的”。在“可否不写”的深入思考中，学生更加深刻地体会到无畏的强大力量。

五、小结延伸，学写生字

1. 集中出示，引导发现。

这只无畏的老麻雀用自己的身躯掩护着小麻雀，准备着一场搏斗。

比较以下三个字，看看它们在写法上有什么相同和不同的地方。

掩、护、搏

2. 根据学情，指导学写。

示范书写“搏”，学生在作业本上书写生字。

3. 延伸阅读，深化感受。

下一节课，将继续学习课文是怎样把“猎狗的攻击与退缩”写具体的。推荐阅读林清玄的文章《麻雀的心》。

【设计意图】采用集中＋分散的方法来学写生字，特别好的是，每一次都不是为写字而写字，都是在学习理解的情境中写字。推荐阅读林清玄的《麻雀的心》，是为了在继续学习的过程中可以开展比较阅读，来进一步深入体会屠格涅夫笔下的这只麻雀的心。

专家评点

教习作单元也要“以学为本”

周一贯

本案“同课异构”所选的是课文《麻雀》，在课时安排上，王芳老师主张用1课时完成教学，而季科平老师则主张用2课时完成教学，这里呈现的是第一课时。从教学设计的理念上来说，王老师把重点放在如何“写清楚”上，而季老师则更注重于怎样“导学”“真学”。这样的差别，无疑让异构更显得各有所长。

在习作教学中，记事、写人、绘景、说理是四个基本方面。相比较而言，记事应该是更基本的。但是，对于儿童来说，也并不是那么容易，一样有着“启蒙”的阶段。A案（王芳的教学设计）的最大特点，就是将“写清楚”具体化了。“写清楚”不等于“写下来”。它是有质量要求的。这个质量标准就是“清楚”。“写下来”只是“记下来”，记得怎么样，没有明晰的指标。而“写清楚”就不一样，不仅要“写下来”，而且要“写清楚”，那么，怎样才算写“清楚”呢?

王芳老师在A案中提出了三个要求：一是按顺序记叙；二是多角度描写；三是用对比凸显。当然，提出这样的标准，虽反映了“写清楚”的质量指标，但更多的是从课文《麻雀》的实际出发。这是必要的。因为对于本次习作学习的要求来说，并不是让教师去架空讲许多写作知识，而是要充分发挥课文所起的范文的作用，而这三个方面也正是课文“写清楚”的特色所在。但是，学生的认知与作品（课文）的示范之间还是有距离的。只是理性的概括，并不一定能为学生所接受。学生对“写清楚”应当有自己的体验。教师在课堂上应该给学生体验预有充足的时间和空间，并且充分体现在教学过程之中，成为核心区块，给学生充分的、能联系自己写作实践的交流时空和氛围。

B 案季科平的教学设计更多地着眼于“真学”，着力体现以学为本。B 案十分重视“单元篇章页”的导入功能，既能重温三年级学过的“习作单元”，又着重了解新单元的学习内容，从而为唤醒学生、学习新课做必要的铺垫。这无疑是以学为本的需要。在课堂上实现以学为本并不容易，关键在于要让学生找到自主学习的“抓手”。在这一方面，教师对“三组词语”的分类设计和“一张表格”的填写启示，不仅激发了学生自主学习动力，而且提供了如何学习的具体途径。这是体现习作单元如何实现“以学为本”的教学策略所在，在本案中具有重要的作用。

怎样让学生在自主阅读中明白课文是如何把事情写清楚的？季老师采用了“独学”“对学”“群学”三种带程序性的方式，凸显了学生在主体阅读中推进自身体验，并在共学中交流而获得提升。这就把传统的以教师讲析为主，转化为以学生学习为本。“老麻雀斗猎狗”部分是课文的重点所在，教师做了相对比较细密的安排，并通过启发学生的“反思”来推进：“这一段话可不可以不写？”无疑，这是学生从自主学习向思辨阶段的进一步提升。

当然，在 B 案中如何能更好地考虑与习作中“怎样写清楚”相融合，似乎还可以有更多的思考、更有效的点拨。

19

《全神贯注》同课异构教学

课文

全神贯注

法国大雕塑家罗丹邀请奥地利作家斯蒂芬·茨威格到他家里做客。饭后，罗丹带着这位挚友参观他的工作室。走到一座刚刚完成的塑像前，罗丹掀开搭在上面的湿布，露出一座仪态端庄的女像。茨威格不禁拍手叫好，他向罗丹祝贺，祝贺又一件杰作的诞生。罗丹自己端详一阵，却皱着眉头，说："啊，不！还有毛病……左肩偏了点儿，脸上……对不起，请等一等。"他立刻拿起抹刀，修改起来。

茨威格怕打扰雕塑家工作，悄悄地站在一边。只见罗丹一会儿上前，一会儿后退，嘴里叽哩咕噜的，好像跟谁在说悄悄话；忽然眼睛闪着异样的光，似乎在跟谁激烈地争吵。他把地板踩得吱吱响，手不停地挥动……一刻钟过去了，半小时过去了，罗丹越干越有劲，情绪更加激动了。他像喝醉了酒一样，整个世界对他来讲好像已经消失了——大约过了一个小时，罗丹才停下来，对着女像痴痴地微笑，然后轻轻地吁了口气，重新把湿布披在塑像上。

茨威格见罗丹工作完了，走上前去准备同他交谈。罗丹径自走出门去，随手拉上门准备上锁。

茨威格莫名其妙，赶忙叫住罗丹："喂！亲爱的朋友，你怎么啦？我还在屋子里呢！"罗丹这才猛然想起他的客人来，他推开门，很抱歉地对茨威格说："哎哟！你看我，简直把你忘记了。对不起，请不要见怪。"

茨威格对这件事有很深的感触。他后来回忆说："那一天下午，我在罗丹工作室里学到的，比我多年在学校里学到的还要多。因为从那时起，我知道人类的一切工作，如果值得去做，而且要做得好，就应该全神贯注。"

教学设计

略读课文，"略"教而"丰"学

——四年级《全神贯注》教学设计A案

徐新保

【教学目标】

1. 认识本课"邀""挚""仪"等6个生字，运用"字形结构""课文插图""联系上下文"等方法理解生字、新词的意思。

2. 认真读好能表现罗丹全神贯注的相关句段，通过自读自悟，理解"全神贯注"的含义，感受罗丹全神贯注的工作态度和对艺术执着追求的精神。

3. 品味语言，留心课文对人物动作、神态等方面的描写，并尝试写话，进一步习得人物具体描写的手法。

【教学流程】

一、紧扣提示，略明任务

1. 导入，紧扣提示。

请学生读读"导读语"，厘清相关信息。

2. 交流，梳理信息（学习任务）。

（1）默读课文，请学生说说课文讲了艺术家罗丹怎样的一个故事。

（2）请学生把自己认为最能表现罗丹工作时全神贯注的句子画下来，读一读。

（3）联系实际，体会课文最后一句话的含义。

【设计意图】 在人教版教材里，每一篇略读课文前都会有一段总结前一篇课文、提示本篇新课文的“导学语”，其中设计了一些学习任务。在教学一开始，我就让学生自读导学语，使他们通过抓重点信息的方法梳理出本节课的学习任务，明确学习方法，从而为学生的自主学习定下基调、指明方向。

二、关注字词，略知内容

1. 默读课文，了解大意。

课文讲了罗丹怎样的一个故事？请同学们默读课文，争取读通课文。

展开交流，说一说故事主要讲了什么。

2. 字词填空，概括大意。

用（文中的生字、新词）填空的形式，帮助学生概括。

罗丹（　　）请他的（　　）友茨威格参观他的一座（　　　　　　）的女像。罗丹自己先（　　　　）一阵，接着拿起（　　　　）修改起来。茨威格对这件事有很深的(　　　),他认为人类的一切工作,如果要做得好,就应该（　　　　　　　）。

（1）检查字音：邀　挚　仪　抹（多音字）　触。

（2）点拨“挚”：“执子之手，与子偕老”，形容两人关系很亲密。

（3）点击课文插图：文中谁与谁是“挚友”？（插图中的人物简介）

3. 自由读文，保证读通。

【设计意图】 虽是略读课文，也要首先读通课文，文中的生字、新词也须正音与理解。通过这样一道填空题，既可以让学生在具体语境中学习生字，理解新词，又能帮助学生利用关键词把课文内容概括得更准确些。

可谓“一石三鸟”，真正达到“四两拨千斤”之功效。

三、提炼主线，略教丰学

1. 跳读课文，画出句子。

画出最能表现罗丹工作时“全神贯注”的句子，读一读。

2. 朗读句子，思考写法。

指名学生逐一朗读（画出来的）句子，读后质疑：你读的这句话，是通过什么描写来表现罗丹的“全神贯注”的？

3. 交流句子，分类出示。

（1）动作。

只见罗丹一会儿上前，一会儿后退，嘴里叽哩咕噜的……他把地板踩得吱吱响，手不停地挥动……罗丹径自走出门去，随手拉上门准备上锁……

（2）神态。

罗丹越干越有劲，情绪更加激动了。他像喝醉了酒一样，整个世界对他来讲好像已经消失了……罗丹才停下来，对着女像痴痴地微笑……

（3）语言。

罗丹……说：“啊，不！还有毛病……左肩偏了点儿，脸上……对不起，请等一等。”……“哎哟！你看我，简直把你忘记了。对不起，请不要见怪。”

4. 指导学生朗读，反复读，争取读出自己的情感。

【设计意图】以“最能表现罗丹工作时全神贯注”的句子为“研读”主线，通过相关语句品读、感悟罗丹的工作态度。同时，在关注文本写了什么的同时，引导学生将关注的重点落在怎样写（表达）上面，也就是把训练的点落在语言上，落在表达上。教师是“学习活动的组织者和引导者”，应面向全体学生，注重引导，巧妙组织课堂教学，充分展开交流，尽力表现学生对语言的理解，以显略读课教学删繁就简、略教丰学之美。

5. 句子比较，体会表达方法。

A. 他像喝醉了酒一样，整个世界对他来讲好像已经消失了……

B. 他喝醉了酒，整个世界对他来讲已经消失了……

引导学生体会表达：

B 表达不准确，罗丹根本就没喝酒；A 表达准确，这里的“像……一样”“好像”是作者的想象，用“想象”来写罗丹全神贯注的样子。

罗丹不是沉醉于酒中，而是沉醉于他的艺术世界。他心里只有一个念头，就是怎样使塑像更完美些。在这一小时中，他完全忘记了身边的挚友，也完全忘记了周围的一切……像这样（工作）的状态，就叫作——“全神贯注”。

6. 联系上下文，理解“全神贯注”。

“全神贯注”就是指罗丹像____________________，好像____________________。

“全神贯注”就是指罗丹径自____________________，随手____________________。

“全神贯注”就是指罗丹________________________。

【设计意图】通过句子比较、引导朗读，不仅让学生体会文章的表达方法，还使学生在潜移默化中明白了作者这样表达的用意，巧妙地写出了罗丹工作时的“全神贯注”！

7. 小结：通过“把自己认为最能表现罗丹工作时‘全神贯注’的句子画下来，读一读”这个学习任务，我们读懂了作者就是这样运用动作、神态、语言的描写方法，写出了罗丹工作时的“全神贯注”。

四、读写结合，略展延伸

1. 引出茨威格的最后一句话，出示：

人类的一切工作，如果值得去做，而且要做得好，就应该全神贯注。

现在，同学们知道茨威格为什么会有这样的感触了吧？说说你对这句话的体会。

2. 生活中，我们也常能看到一些人在做某一件事时全神贯注。请你运用本课描写人物的一些方法，写出其中一个场景来。

【设计意图】“语文课程标准”指出，“应该让学生更多地直接接触语文材料，在大量的语文实践中掌握运用语文的规律”。课文读到这里，学生已完全理解、体会了“全神贯注”的含义。这时，趁机进行读写能力的训练，让笔尖的滑动留住课堂的精彩，使三维目标在练笔中达到整合，使核心素养在练笔中得到提升。

3. 推荐阅读。

《全神贯注》改编自奥地利作家斯蒂芬·茨威格的《成功的秘诀》，如果对原文感兴趣，老师推荐大家去读读这篇文章。

聚焦“全神贯注”，让真学“落地生根”

——四年级《全神贯注》教学设计B案

【教学目标】

1.借助描述,通过找近义词、反义词等方式,初解“全神贯注”。借助课题,自然把握文本的主要内容。

2.通过略读课文，自主捕捉文本中的相关信息，试着学会整理信息，用自己喜欢的方式介绍女像，自然读懂课文中“全神贯注”的意思。

3.通过比较联系，了解课文是怎么写“全神贯注”的。通过真情表达、链接资源等方式，真正内化“全神贯注”。

【教学流程】

一、检查预习，初解“全神贯注”

1.听写词语，初解“全神贯注”。

引导：很多同学都看过“汉字听写大会”，今天我们也来过过瘾。打开听写本，准备在老师的描述中听写词语。

描述：这是一个四字词语，它的反义词可以是漫不经心、心不在焉、心神不定，课堂上我们也常常会用到这个四字词语，它形容精神高度集中。

学生写下相应的四字词语，然后交流意思相近的四字词语，当堂生成。诸如：全神贯注、聚精会神、专心致志、目不转睛、屏息凝神等。

【设计意图】“童真语文”坚持“从儿童中来”——教学要从儿童的真实起点出发。学生事先预习过课文,对“全神贯注”这个词语并不陌生。于是,教师以“汉字听写大会”的方式来激发学生的学习兴趣，一下子让学生自然地进入了“全神贯注”的真实状态。在描述中听写，让学生对“全神贯注”有了初步的理解和真切的体验；在交流中丰富，自然地积累了与“全神贯注”意思相近的四字词语。

2. 课题入手，概括内容。

课文题目是“全神贯注”，请学生打开书本，快速浏览，结合预习，围绕课题来说说课文写了一件什么事。

3. 点击插图，梳理关系。

正在全神贯注修改女像的是……悄悄地站在旁边看的那位是……他们两个是……引导学生理解“挚友”。

【设计意图】对四年级的学生来说，利用课题概括文章的主要内容，不失为一种比较简洁、有效的办法。插图是教学文本重要的组成部分，利用插图，可以巧妙地让学生迅速厘清人物关系，并自然地理解“挚友”的意思，进一步梳理文章脉络。而且这样的梳理富有趣味，深受学生喜欢。

二、初读课文，再解“全神贯注”

1. 捕捉信息，介绍女像。

罗丹全神贯注修改的是一座怎样的女像呢？请学生自由朗读第 1 自然段，捕捉有关女像的信息，准备为她做一个介绍。可以采用第三人称的介绍（她……），也可以采用第一人称的介绍（我……）。

【设计意图】略读课文的教学要重视培养学生根据需要搜集信息的能力。让学生捕捉有关“女像”的信息，这是一个非常好的信息收集的过程。在这样的基础上，运用这些信息为女像做一个生动的介绍，这便是一个运用信息的过程。而且学生享有自主的选择权，可以自主地选择需要的信息，选择介绍的方式。因此这样真实的学习过程对学生来说，是充满趣味的，当然也是充满挑战的，真正体现了童真语文“以语为要”的教学理念。

2. 联系课文，再解“全神贯注”。

“全神贯注”是形容精神高度集中，那么联系课文内容，它具体指的又是什么呢？请学生快速跳读课文，捕捉相关的信息，试着说说自己的理解。

【设计意图】我们往往比较重视词语的概念化理解，实际上更重要的应该是让词语融入具体的语境，这样它便会鲜活起来，拥有生动的具体化的意思。让学生带着“全神贯注”跳读课文，在课文中捕捉相关信息来具体地理解“全神贯注”，此时，“全神贯注”便具有了生命活力，它在学生的头脑和心灵中成为一种积极的力量。

三、略读课文，三解“全神贯注”

1. 独学：默读课文，比较发现。

课文是怎样写出罗丹的全神贯注的呢？那里面藏着秘密呢！请学生默读课文第 2 自然段，前后联系比较，看看自己有什么发现。

2. 对学：同伴交流，丰富发现。

与同伴交流分享后，“我的发现”就变成了“我们的发现”，交流的时候说得不完整的，同伴补充。

【设计意图】在学生充分展开“独学”的基础上，安排学生展开“对学”，不仅丰富了发现的内涵，而且让每一个学生都拥有自己的发言权。更为可贵的是，通过“对学”，让“我的发现”变成了“我们的发现”，学习便又上了一个新的台阶。

3. 群学：交流发现，引导提升。

预设之一：通过动作、神态描写来反映。

点击引领：（根据学情生成）通过动作、神态描写，我们看到了罗丹全神贯注的状态，他是那么投入，那么专注。

预设之二：通过时间描写来反映。

点击引领：（根据学情生成）时间是最好的证明，花大约一个小时修改的只是女像的一点点毛病，可见罗丹全神贯注的投入程度、持续程度。

预设之三：通过有顺序的情绪描写来反映。

点击引领：（根据学情生成）原来情绪变化是有顺序的啊。越来越激动—更加激动—忘我—沉醉，整个世界只剩下了这一座女像。那就让我们通过朗读来体现罗丹全神贯注的情绪变化吧。

…………

【设计意图】“群学”环节是一个完全灵动的环节，一切将根据学情生成。学习顺序可以根据学情调整，学习内容可以根据学情增减，学习方式也可以根据学情选择……以“童”为本，让儿童真正成为学习的主体；以“真”为先，让儿童充分经历“真学”，赢得自然的真实生长。

4. 结合语境，书面表达。

茨威格看到了这一切，看到罗丹……请学生结合课文语言表达。

言为心声，茨威格看到了这一切，他忍不住想对罗丹说：“____。”

【设计意图】此时的“真情表达”是对“全神贯注”最好的内化，让学生替茨威格书写语言，写出的是茨威格的心声，更是学生的心声，真情自然弥漫其间。同时，又能让学生拥有一个新的发现——可以通过人物语言描写来反映“全神贯注”。

四、链接资源，内化“全神贯注”

1. 点击感受，链接资料。

（1）朗读最后一个自然段，出示名言感受。

> 因为从那时起，我知道人类的一切工作，如果值得去做，而且要做得好，就应该全神贯注。
>
> ——茨威格

（2）快速浏览“资料袋”，联系名言表达。

请你快速浏览“资料袋”，联系茨威格的名言谈谈自己的感受。

【设计意图】对“罗丹全神贯注地修改女像”这件事，茨威格有很深的感触。让学生链接“资料袋”的信息，进一步了解罗丹，然后利用这些信息，联系茨威格的名言畅谈自己的感受。最重要的就是学生的感受。学生真切的感受比什么都重要。

2. 链接原文，创作名言。

实际上这句名言是编者改写的，我们今天学的整篇课文也是由编者改写而成的。我们尊重编者，但更应该尊重作者，让我们一起来看茨威格的原文《成功的秘诀》（课堂上阅读开头、结尾，课后阅读整篇）。

快速浏览文章的开头部分，教师引导：

在这里，“我”指的就是……“艺术大师”指的就是……茨威格 25 岁，罗丹已经 66 岁了。“66 岁的罗丹全神贯注地修改女像”这件事成为茨威格写作生涯的转折点。

快速浏览文章的结尾部分，教师引导：

如果只留下一句话作为茨威格的名言，你愿意留下哪一句？

关于全神贯注，关于成功的秘诀，编者可以有自己的感受，茨威格可以有自己的感受，我们也可以有自己的感受，请拿起笔，在微作文本上写下你自己的名言。

【设计意图】从编者到作者，再到读者，这是一个“穿越”的过程，但正是这样极有价值的“穿越”，开拓了儿童的阅读思路，丰富了儿童的阅读体验，培养了儿童的阅读能力，让儿童拥有了更多的课堂获得感。

专家评点

从“教语文”到“教人学语文”

周一贯

“同课异构”萌生于“课改”不断深化，课堂从“传统”的“以师为本”逐渐向“以生为本”转型的历史转折点。正是因为遵循“学生是课堂教学的主体”这一价值理念，才有了同一篇课文，教师在对不同的学生进行导学时，有不一样的过程与方法的构建。本案中的两个课例，颇能实证笔者以上基本观点。

A 例有较强的普遍适用性，比较全面地体现了阅读教学一般的过程与方法，其特点是：第一，教学目标全面，不忽视在略读课文中的生字、新词教学，用意则在于即使是略读课文，也要首先能读通课文，如字、词未能读识，显然会影响“略读”的“读通”。第二，严格按照略读课文的一般教学规律设计教程。如与精读课文的呼应，“略读提示语”的运用等。第三，突出描写人物的动作、神态、语言，为罗丹“全神贯注”的主线服务，更多地从过去往往侧重理解课文“写什么”，转移到了研究“为什么这样写”，体现了“读写一体”的语文教学意识。第四，比较重视在阅读教学中学生“学习语言文字的运用”这一根本点。但从另一方面看，教师虽然也是“童真语文”工作室的成员，但对课堂教学设计的“特色”体现不足，略读课文相对比较“粗放”，在给学生的“自主阅读”提供空间方面显得有些不足。于是，何谓“童真语文”，如何体现“童真语文”的“真做”“真情”“真说”“真学”都显得略有不足了。当然，我们不应求全责备，教者是“童真语文”工作室的新成员，刚加入“童真语文”工作室不久，还没来得及全面深入了解“童真语文”，但这也不失为一份颇有适用性的教学设计。

相比较而言，B 例有较强的风格特色，比较适用于有一定学习能力、能够实施“真学”的班级。其特点是：第一，更好地体现了略读课文的教学要求，即不求面面俱到，重在培养学生独立阅读的能力，以“粗线条”推进，为学生开辟自主阅读空间。第二，提供自学抓手——“全神贯注”这个词语，并由此安排阅读环节（1. 检查预习，初解“全神贯注”；2. 初读课文，再解“全神贯注”；3. 略读课文，三解“全神贯注”；4. 链接资源，内化“全神贯注”）。从这样的设计中，不难看出教师安排略读抓手“全神贯注”并贯串始终的匠心，充分体现了“导学重在培养学生的自主阅读能力”这个根本点。第三，以结合开展“比较阅读”（课文与原文开头、结尾的具体的比较活动）的资源整合，实现了两个文本从编者到作者再到读者的历史跨越，深化了阅读能力的培养。第四，学生有较大的自主阅读安排，为“真学”创造了学生实践的空间。特别在如何体现罗丹“全神贯注”这一核心议题方面，教师是引导学生自主完成的。如在教学环节中体现为从“独学”到“对学”，再到“群学”，在“群学”的环节交流发现，引导提升。学情生成预设为通过动作、神态描写来反映，通过时间描写来反映，通过有顺序的情绪描写来反映……“群学”环节在课堂呈现上是根据现场的学情发展即时生成的，而不是教师授予的，有很大的不确定性，这应该就是“童真语文”对“真学”的召唤。学生完全可以有个性化的自由解读，教师只是因势利导、循循善诱，在与学生的对话中分享共学的成果。总之，在 B 例的教学设计中，我们不难看出作为“童真语文”工作室领衔人，季科平老师对“童真语文”在课堂实践环节中的某些理性导引与实践探索。

当然，作为提出“童真语文”这一既具“教学主张”又兼“风格特色”的一个语文教育的价值体系，自有它宏观的公共理性和丰富的方略内涵。这不是在一节课中可以全面反映的。然而，“一滴水可以见太阳”，它必然应该落实在课堂教学之中，即使只是一节课，也应当而且也可以尽显它的品位和风采。“童真语文”，已经逐步从“教语文”走向了“教人学语文”！

20

《维也纳生活圆舞曲》同课异构教学

课文

维也纳生活圆舞曲

清早醒来，不睁开眼，尽量用耳朵来辨认天天叫醒我的这些小家伙，我能准确地知道它们所在的位置，是在窗前那株高大的针叶树里边，还是远远地在房脊和烟囱上。

有一种鸟的叫声宛如花腔女高音，婉转、嘹亮、悠长，变化无穷，它怎么能唱出如此丰富而不重复的音乐？后来我在十四区博物馆听鸟儿们的录音时，才知道这家伙的名字。它长得并不美，全身乌黑的羽毛，一个长长的黄嘴，好像一只小乌鸦叼着一支竹笛子。我闭目倾听它的鸣唱时，把它想象得美若彩凤。

我发现，闭上眼睛时，声音就会变得特别清晰和富于形象。有一种鸟的叫声像是有人磕牙，时断时续，嗒嗒作响；另一种鸟的叫声好似老人叹息，声音沙哑又苍老；还有一种鸟叫声很像猫叫。一天，它一边叫，一边从我的窗前飞过，我幻觉中出现一只飞着的猫。

一位奥地利朋友称这种清晨时鸟儿们的合唱为“免费音乐会”。参加音乐会的还有远远近近教堂的钟声。从远方传来的卡尔大教堂的钟声深沉而又持久；来自后街上克罗利茨小教堂的钟声清脆而透彻。教堂钟声的加入，常常使这“免费音乐会”达到高潮。每每这个时候，从窗外会溜进来一股什么花香，钻进我的鼻孔。

五月的维也纳还是“花的天下”。

家家户户挂在窗外的长方形花盆全都鲜花盛开，绚烂的颜色好像是从这些人家喷发出来的。许多商店用彩色的花缠绕在门框上，穿过这门，如同走进花的巢穴。按照惯例，城市公园年年都用鲜花装置起一座大表，表针走得很准时，花儿组成的表盘年年都是全新的图案。今年，园艺家们别出心裁，在公园东北角临街的一块高地上，用白玫瑰和冬青搭起一架芬芳的三角钢琴。于是，维也纳的主题——音乐与花，就这样被表达了出来。

古老的维也纳，很难找到一条笔直的路。车在这些弯弯曲曲又畅如流水的街道上跑着，两边的景物像是突然冒出来的。或是一座宁静又精致的房舍，或是几株像喷泉一样开满花朵的树……这是行驶在笔直的路上绝对没有的感受。而且，跑着跑着，很容易想起音乐来。在这个音乐之都中，最重要的并不是到处都有的音乐会，到处都有的音乐家雕像与故居，而是你随时随地都会感受到音乐的存在。著名作曲家勃拉姆斯说：“在维也纳散步可要小心，别踩着地上的音符。”

有人说，真正的维也纳音乐并不在金色大厅或歌剧院，而是在城郊的小酒馆里。如果你来到乡村的“当年酒家”里坐一坐，便能够体会到真正的维也纳音乐。坐在长长的粗木凳上，一边饮着芳香四溢的葡萄酒，一边咬着刚刚出炉、烫嘴、喷香而流油的烤猪排，忽然欢快的华尔兹舞曲在你耳边响起。扭头一看，一个满脸通红的老汉，满是硬胡茬的下巴夹着一把又小又旧的提琴，在你身后起劲地拉着。他朝你挤着眼，希望你兴奋起来，尽快融入音乐。一条短尾巴的大黑狗已经围着他的双腿起劲地跳起舞来，酒店里人们的目光都快活地抛向他。音乐，是撩动人们心情的“神仙的手指”，是维也纳灵魂之所在。

——本文作者冯骥才，选作课文时有改动。

教学设计

谱写生活圆舞曲，撩动每天好心情

——五年级《维也纳生活圆舞曲》教学设计A案

张钱江

【教学目标】

1. 正确、流利、有感情地朗读课文。

2. 厘清思路，明白作者从哪几方面具体叙述维也纳的生活中处处充满音乐。

3. 围绕中心句，通过品读词句，具体深入感受维也纳的音乐心情。

【教学流程】

一、聆听圆舞曲

1. 畅说感受。

播放《勃拉姆斯圆舞曲》，请学生欣赏，并交流自己真实的感受。

2. 补充信息。

简介“圆舞曲”。这种曲子叫圆舞曲（板书“圆舞曲”）。圆舞曲有一个最简单的节奏型，那就是“× × ×”。说到圆舞曲，说到音乐，我们一定会想到一个地方，世界著名的音乐之都——（奥地利的维也纳）。（板书“维也纳”）

简介维也纳。维也纳是奥地利的首都，是奥地利最大的城市和政治中心，位于多瑙河畔，是世界著名的音乐之都，许多音乐家在此度过大部分生涯，至今博物馆里还有他们的手迹和创作的乐谱。

3. 揭示课题。

补齐课题：维也纳生活圆舞曲（齐读课题）。

请学生谈谈自己关注课题中的哪个词，（“生活”二字加着重号）再读。

引导：维也纳是一个生活中处处有音乐的地方，著名作曲家勃拉姆斯就曾说——（课件出示“在维也纳散步可要小心，别踩着地上的音符”）

【设计意图】学习每一篇课文，最先接触的便是题目，它往往包含着重要信息。因此首先要引导学生关注课文题目中的关键字词。本文题目中的“生活”二字，显然是一个值得注意的题眼。

二、发现圆舞曲

1. 轻声读一遍课文，找一找：你在哪里发现了生活圆舞曲？演奏出生活圆舞曲的“音乐家”都有谁呢？

2. 讨论交流：鸟、钟、公园、路、酒家。（随机板书）

【设计意图】通过初读，让学生自然而然地发现——圆舞曲果然充满了整个维也纳的生活，也进一步发现——演奏出圆舞曲的“音乐家”十分特殊，从而为细细品味这些特殊的音乐做好铺垫。

三、品味圆舞曲

1. 这是一群特殊的“音乐家”，请学生仔细品味、用心感受他们演奏的乐曲。默读课文，根据提示在书上做批注：

从文章哪个片段中发现了音乐	用 ～～～～ 表示
从这个片段哪些词中发现了音乐	用 ▲▲▲ 表示
读了这部分你的心情、感受如何	用简短的词、短语写在旁边

【设计意图】课文许多地方能让人感受音乐的存在与美好，它们都是维也纳生活圆舞曲的一部分。每个学生对文字的关注点是不同的，对语言表达的感受也是不同的。用独立做批注的方法展开自学，让学生与文本展

开自由而充分的对话。

2. 交流（主要通过对读的指导，对字词的咀嚼，体会不同的心情）。

重点预设：

预设 1 “婉转、嘹亮、悠长……”部分。“有一种鸟……另一种鸟……还有一种鸟……”部分。分小组读出不同。这是圆舞曲中的合唱片段。

预设 2 “大教堂……小教堂……”部分。关注“深沉而又持久”“清脆而透彻”，男女声分开读。这是圆舞曲中一唱一和的片段。

预设 3 “弯弯曲曲又畅如流水……”部分。关注“弯弯曲曲又畅如流水”“冒”，流畅地读。“冒”出了一些怎样的音乐元素？如果你漫步其间，你的心情将会怎样？再读。这是圆舞曲中的流水板片段。

预设 4 “当年酒家”部分。关注“粗木凳”“葡萄酒”“烤猪排”“华尔兹”，这样的生活是怎样的生活？享受着读读这些句子。这是圆舞曲中最欢快、最生活化的乡村音乐的快板片段。

…………

【设计意图】在充分关注语言文字进行交流的过程中，教师的引导有意识地运用音乐化的语言，使学生在互相交流自我阅读感受之余对“维也纳的生活充满音乐”逐渐清晰。

引导思辨：你是喜欢去维也纳最著名的金色大厅正襟危坐地听音乐会，还是愿意到树林里聆听鸟儿的演唱、教堂里钟声的演奏？或是到路上与音符相逢？为什么？

【设计意图】一个小小的思辨，让学生明白，在维也纳，音乐从来不是高高在上只存在于音乐厅，而是充满于生活的方方面面，甚至维也纳的一切都以音乐的形式存在着。

3. 仿写延伸。

（欣赏维也纳图片，配乐《小狗圆舞曲》）音乐还可能在春天美丽的花钟上，可能在冬季白雪皑皑的山林中，可能在恬静悠闲的乡村生活中，可能在街头敞篷的旅游巴士上……请学生发挥想象，看着这些维也纳的图片，当一回“小小音乐家”，写一个小小的片段，来说明维也纳时时、处处都有生活圆舞曲。

请学生来朗读即兴创作的“生活圆舞曲”，一起欣赏、感受。

【设计意图】在明白维也纳的一切就是一曲曲生活圆舞曲的基础上，在欣赏一些维也纳的生活图片后，在背景音乐的烘托下，我想，学生们的音乐化语言应该有所激活，此时进行小练笔有利于巩固课文所要表达的主旨。

四、凸显圆舞曲

引导学生利用板书小结：音乐带给我们不同的心情、不同的感受（板书“心情、感受”），有——（指着板书读）

引导读名言小结：难怪作者说——（课件出示“音乐，是撩动人们心情的‘神仙的手指’，是维也纳灵魂之所在”）维也纳的灵魂就是音乐，因为音乐充满了维也纳的生活，这些音乐像“神仙的手指”，指到……，人们就会……我们就……

引导读课题小结：这节课，我们跟着维也纳这些特殊的“音乐家”，一起聆听、品味、感受了这座音乐之都的艺术情怀。他们谱写的音乐片段，再加上我们谱写的音乐片段，就这样谱成了一曲又一曲的——（齐读课题）愿你的生活也充满一曲又一曲的圆舞曲，撩动你每一天的好心情。

珍视学情，奏响课堂圆舞曲

——五年级《维也纳生活圆舞曲》教学设计B案

【教学目标】

1. 通过努力，争取正确、流利地朗读课文，自然地了解课文写了什么。

2. 通过略读课文，捕捉文本中的显性信息和隐性信息，试着学会整理信息，了解课文是怎样写的。

3. 通过补充信息，激发疑问，知道课文为什么这样选材，在反复的阅读中获得真切感受。

【教学流程】

课前播放《蓝色多瑙河圆舞曲》。

一、交流信息，初识“圆舞曲”

1. 交流信息。

请学生谈谈自己对作者冯骥才的了解，回顾已学的作品。

请学生谈谈自己对维也纳的了解。

2. 初读课题。

初读课题：维也纳生活圆舞曲。初解题意：奏响的是一曲……

3. 补充信息。

什么是圆舞曲呢？实际上课前我们听到的音乐就是著名圆舞曲《蓝色多瑙河圆舞曲》。圆舞曲有时也音译为“华尔兹”，它是三拍子的舞曲，旋律优美，节奏欢快，“嘭嚓嚓，嘭嚓嚓”……在维也纳，到处都能够听到这样节奏的音乐。

【设计意图】“童真课堂”其中的一个原则就是——从儿童中来。意思就是教学要从儿童的真实起点出发。因此，了解儿童已经知道了什么，这是非常重要的。让儿童自己来谈已经了解的信息，这是相当真实的交流。

教师要到儿童中去，倾听来自儿童的声音，根据交流情况随机补充相关信息，为读懂课文打下扎实的基础。

二、初读课文，理顺“圆舞曲”

1. 自由读文，通读课文。

这篇课文比较长，让我们自由地、大声地读一遍，争取把课文读通顺。碰到难读的字词，可以画出来。

2. 根据学情，识字学词。

同桌一起读读难读的字词，如果有两个人都无法解决的难词，就请举手示意，并板书到黑板上。然后进行集体学习，一起学习难词。

【设计意图】尊重儿童就是要尊重儿童的“真需”。根据儿童的“真需”，让儿童展开真实的学习过程，这是对儿童最大的尊重。哪些词语是难词，哪些词语需要展开学习，儿童说了算。教师引导儿童互帮互学，扫除通读障碍，这样的学习是最真实的，最有效的。

3. 快速浏览，粗知大意。

围绕课题，课文写了哪些方面的内容呢？让我们快速浏览课文，看看自己能够捕捉到几个方面。

边交流边请学生板书，然后梳理。

三、捕捉信息，感受“圆舞曲”

1. 静心默读，捕捉信息。

鸟儿啊，鲜花啊，街道啊，小酒馆啊，作者选择了这些事物来谱写维也纳生活圆舞曲。请学生静下心来，认真默读课文，捕捉文中音乐存在的信息。为了让思考更深入，建议这边的两组重点学习前面两部分，那边的两组重点学习后面两部分。

2. 同桌交流，丰富信息。

把捕捉到的感受特别深的信息，先和同桌交流交流。

【设计意图】每个学生都是独特的，他们看问题的角度自然会有差异，因此收集到的信息当然也会有区别，表达的感受也就不可避免地带上了自己的个性特色。在学生独立学习的基础上展开同桌交流，这是一个非常好的丰富信息的过程。同时它为每个学生都提供了表达的机会，有效地提高了交流的质量。

3. 集体交流，整理信息。

随机重点落实：

①鸟儿“免费音乐会”

有一种鸟的叫声宛如花腔女高音，婉转、嘹亮、悠长，变化无穷，它怎么能唱出如此丰富而不重复的音乐？

有一种鸟的叫声像是有人磕牙，时断时续，嗒嗒作响；

另一种鸟的叫声好似老人叹息，声音沙哑又苍老；

还有一种鸟叫声很像猫叫。

点拨 1　（请学生自由读）读着读着，你有什么发现呢？

点拨 2　（师生合作读）读着读着，你有什么疑问吗？

②小酒馆“即兴音乐会”

扭头一看，一个满脸通红的老汉，满是硬胡茬的下巴夹着一把又小又旧的提琴，在你身后起劲地拉着。他朝你挤着眼，希望你兴奋起来，尽快融入音乐。

一条短尾巴的大黑狗已经围着他的双腿起劲地跳起舞来，酒店里人们的目光都快活地抛向他。

点拨 1　小酒馆里正在进行一场音乐会，这场音乐会事先有约定吗？这场音乐会事先有彩排吗？欢快的华尔兹舞曲响起，音乐会也就开始了。音乐会的主角竟然是……

点拨 2　读到这里，你有问题吗？

点拨 3　这真是一场……的音乐会！让我们一起走进欢快的华尔兹音乐中，通过朗读来传递快乐。

【设计意图】学生的自主学习固然非常重要，但教师的点拨引导则起着“四两拨千斤”的作用。在集体交流的过程中，教师巧妙地引领学生整理信息，再提取信息，让学生真正感受到维也纳音乐的生活气息。

4. 补充信息，激发疑问。

在维也纳，具有音乐气息的事物有很多很多，欣赏图片。

金色大厅、歌剧院，一场一场的音乐会、一场一场的歌剧；那些音乐家雕像、那些音乐家命名的建筑……这些事物都具有非常浓郁的音乐气息。再看看黑板上写下的那几样事物（鸟儿、鲜花、街道、小酒馆），一比照，你有问题吗？

5. 跳读课文，感受选材。

让我们从课题出发，从课文中去捕捉这样选材的理由。

【设计意图】利用补充的信息，冲击儿童的思维，在鲜明的比照中使儿童产生强烈的疑问。问题从儿童中来，让儿童带着自己的问题再到文本中去。体会作者这样选材的意图，再次凸显维也纳音乐浓郁的生活气息。

四、抒发感慨，回归“圆舞曲”

1. 回归主旨。

清晨，鸟儿为我们演奏了一场“免费音乐会”；公园里，芬芳的钢琴流淌着美妙的音符；车行在街道上，脑海里回想着的是优美的旋律；小酒馆里举行的是一场快乐的音乐会。维也纳随时随地都让人感受到音乐的存在。难怪著名作曲家勃拉姆斯这样说（配乐朗读）：

在维也纳散步可要小心，别踩着地上的音符。

难怪冯骥才发出了这样的感慨：

音乐，是撩动人们心情的“神仙的手指”，是维也纳灵魂之所在。

2. 抒发感慨。

那你又有怎样的感慨呢？请学生把自己的感慨浓缩在一两句话里，写在课题上方。

【设计意图】儿童的感受才是最重要的感受、最真实的感受。在儿童心灵有所触动的时候，让他们自由表达，流淌出的一定是散发着芬芳的、带着温度的文字。

3. 拓展阅读。

维也纳的路，维也纳的花，甚至维也纳的空气都弥漫着音乐的气息，维也纳的人们浸润在音乐的海洋里，奏响了一曲（引导读课题）维也纳生活圆舞曲。

冯骥才说：“怀旧这个词儿可不能乱用，除非你和它有很深的交往——就像我与维也纳。”他专门为维也纳写过一本书《维也纳情感》。今天学的《维也纳生活圆舞曲》就选自这一本书。让我们课后去这本书里捕捉更多的音乐气息，感受更深的维也纳情感。

专家评点

同课异构　和而不同

周一贯

A、B 案都比较鲜明地体现了语文课堂“以生为本”“以学为重”的特点。传统的“教师本位”正在向“学生本位”转型，往常的“以教为主”正在向更多的“以学为主”转型；以前的“先教后学”正在逐步向“先学后教”转型……而所有这些又都可以说明在这两个教学设计中多少传递着“童真课堂”的一些征兆。

教学设计同课异构的比较研究，笔者认为重在“和而不同”，尤其是它的“不同之处”，更会对我们设计思路的丰富和设计策略的灵动以有益的启示。

一、解读主线的侧重点有异

对同一篇课文，教师的基本解读主线，大体都会相同或相似，但侧重点却往往会有不同。如 B 案的侧重点在音乐，而 A 案的侧重点在凸显《维也纳生活圆舞曲》中的“生活”一词。具体地说，B 案在课始介绍了圆舞曲的特点，在课中突出了鸟儿的“免费音乐会”、小酒馆的“即兴音乐会”；在研读相关信息时把重点放在“维也纳具有音乐气息的事物”上，在最后的主旨重认时则落实在“维也纳随时随地让人感受到音乐的存在”。由此可见，B 案是在紧扣“音乐”这一中心形成教学主线的。A 案则把侧重点落在“生活”这个节点上。在开局部分，强调“要聆听的是一首特殊的圆舞曲”，引导大家关注课题中的“生活”一词。在课中部分，又强调“你在哪里发现了生活圆舞曲？”通过学生交流随机板书“鸟、钟、公园、路、酒家”等，从中凸显“生活”。在后续阶段，教师又组织学生讨论：喜欢去维也纳著名的金色大厅正襟危坐地听音乐会，还是愿意到树林里聆听鸟儿的歌唱、教堂里钟声的演奏？或是……还是突出了“生活”，最后又以“愿你的生活也充满一曲又一曲的圆舞曲，撩动你每一天的好心情”作结，体现的还是“生活”。

两案因侧重点不同，教学思路就有差别。B 案以维也纳的音乐着眼，视界比较开阔，相关教学资源的拓展也比较丰富。概括起来说赏析的是“音乐的生活”。A 案则以维也纳充满了音乐元素的“生活”着力，切入点较小，但贴近文题，而且贯穿始终，概括起来说是维也纳“生活中的音乐”。两案比较，显然是各有千秋。

二、“以学为基”的策略性有变

两案的设计均坚守以学生学习为基础的前提，但在实施策略上却各有不一样的呈现。B 案的开放度较高，学生的自主活动较多，课堂教学体现“不确定性”的生成空间较大。如“自由读文”“识字学词”的自主性；归纳课文主要内容的开放性（学生可以边交流，边上台板书要点）；“感受圆舞曲”时的多重交流（先“同桌交流”，再“全班交流”，教师随机重点落实）；重点落实学生的质疑问难（“读到这里，你有问题吗？”“补充信息，激发疑问”，等等）……所有这些都体现了教师更注重激发学生的内驱力，呈现的是执教者对她自己“童真语文”教学主张的追求。当然如果在学生自学的这些环节里，教师有一些“预测”，方案自然会更具体。如识字学词的难点预测，学生上台板书内容的预测，学生质疑问难的预测，对“多重交流”可能发生问题的预测，等等。以此对照 A 案，对于学生阅读过程中教师的引导运作策略则比较具体，帮扶较多。如在“品味圆舞曲”部分，教师有让学生做批注的具体要求和操作方法的落实；在深读课文时，有较多引领性的齐读、合作读等辅助；还有模仿性、延伸性的仿写环节，等等。显然，这些比较具体细致的帮扶，可以使课堂运作更易落实、更方便，但因为“规定性”动作多了，学生生成的自由度也会相对变小。

三、言意相生的落脚处有别

语文教学不仅要解读文本的意义，更应当研究这个意义是怎样用文字表达的，从而获得语言文字如何运用的体验。在这言意相生的品读中同时获取精神的滋养。因为教学思路的不同，选择言意相生的落脚处自然也有不同。如B案的重点研读语段是鸟儿“免费音乐会”和小酒馆“即兴音乐会”这两处，比较深入地品析了四种鸟的叫声，以及小酒馆即兴音乐会是否预约，有否彩排，从而深度感受维也纳从大自然到社会生活，音乐无处不在。A案重点研读的语段是：①“婉转、嘹亮、悠长……”部分；②“有一种鸟……另一种鸟……还有一种鸟……”部分；③“大教堂……小教堂……”部分；④“弯弯曲曲又畅如流水……”部分。凸显的是音乐与生活的水乳交融，更关注的是充满了音乐的生活。当然两案的重点语段赏读选择，除体现教学思路的不同侧重点外，还融入了语言文字的训练点。如B案兼顾的是作者选材的技巧，A案兼顾的是描述层次的安排技巧。

总之，教学设计不仅要因文而异，同时也会因“人”（不同的教师）而异，因“地”（不同的班级学生）而异，因“读”（不同的解读）而异，因“时”（不同的现场生成）而异。唯有“和而不同”是教学设计的健康生态。我们要更多地关注它们之间的不同点，原因也就在这里。

后 记

这是一本特别有意思的书。说它有意思，是因为原先它并没有列入我近期的出版计划，没想到后来，它却是近期最先出版的一本。

此书的出版缘起是特级教师何夏寿老师的《请周一贯先生评课》这本书。何老师的这本书为“名师课例 + 名家点评”，一共有 18 课，一课一评，何老师的课堂实录加上周一贯先生的专题点评。当我看到这本书的时候，很是羡慕，羡慕何老师竟然得到了周一贯先生这么多的课例点评。当然也十分的感叹，感叹何老师如此的用心，开发整理了那么多课例。

何老师的这本书出版于 2020 年。2021 年 6 月底，当我又一次去帮周老师处理电子事务时，我们聊起了这个事情。周老师举着《请周一贯先生评课》，微笑着问我：“季科平，何夏寿的这本书，你翻看了没有？你觉得这本书怎么样？”

“我粗粗翻看了一下，觉得何老师的这本书很有价值，他对自己的课堂做了一次用心的梳理。我没想到您为何老师写过那么多的课例点评。”我的话语中不由自主地透露出了那一丝丝的羡慕。

“季科平，你也可以出书的。我也为你写过不少课例点评。”周老师一脸认真地对我说。我觉得我出这本书好像不太可能，因为虽然周老师确实为我写过不少课例点评，但出一本书那肯定是不够的。周老师似乎看出了我的顾虑，他鼓励我说：“你先去把原先我为你写过点评的课例全部整理出来，看看有多少，如果不够，我们还可再增补啊。”

带着这样的鼓励，我又踏上了出版著作的道路。

我马上开始认真地梳理周老师为我写点评的那些课例，一梳理，发觉确实也有不少，周老师为我写过点评的教学设计、教学实录共有14篇。我按“现代文阅读、古诗文阅读、整本书阅读、拓展课程阅读、同课异构阅读”将课例进行了分类，每章节3篇，发现尚缺1篇。我带着整理好的这些课例去向周老师汇报，周老师觉得每章3篇好像少了点，他说最好能够保证每章4篇。“周老师，如果一章4篇，那缺的就不是1篇，而是6篇了。这意味着您还要为我再写6篇点评啊。”我有点担心。可周老师却说：“既然我们要做，那就得把这个事情做好。我会帮你写点评的，关键是你还有没有现成的课例，你回去再找找。”我又一次被86岁的周老师感动了。他一直就是这样，坚持要把事情做到最好。

于是，周老师开始为我补写课例《北京的春节》《王戎不取道旁李》《假如给我三天光明》《为逆行者写颁奖词》的点评，后来还有《〈麻雀〉同课异构》《红岩》的点评。每次写点评，周老师的速度很快，质量也很高。我不由得感叹：“周老师，您这是什么速度啊！您为什么写起来那么快呢？”他说：“你们叫我做的事情，我总要快一点做好。”这是周老师经常说的话，他不断地在我的专业发展上助力。

这本书用什么书名好呢？它也算是“请周一贯先生评课”的同系列著作，但自然不能直接用这个做书名了。开始用的书名是《我的“童真语文”课堂之旅》，很直白，但感觉有点普通。后来有一天，周老师提醒我，这是“童真语文”的好课荟萃。对，好课！于是我们把书名改成了《“童真语文”的好课课谱》。这一改，让人觉得眼前为之一亮。

书稿整理好了，我抓紧时间发给了出版社。那么请谁来为本书作序呢？周老师建议我，可以请杨再隋教授作序。能请杨教授作序，自然是最好不过，他曾经为“童真语文”写过评语，写过课评，对“童真语文”也有一定的了解。我鼓起勇气给杨教授打电话，表达了请他作序的想法。杨教授笑着说：“小季啊，给你的新著写序，您的导师周一贯先生他写最合适哦。”我向杨教授说明原因："这本书所有的课例点评都是周先生写的，周先生不适合再来写序。"听了我的解释，杨教授欣然同意。他让我把书稿纸质稿快递过去，他现在眼睛容易疲劳，长时间看电子书稿有点吃不消。杨教授还说，最近他在忙另外的稿子，写序得等一等，一个月为期。我忽然想起，杨教授今年应该84岁了，84岁的杨教授还在积极开展语文教学研究工作，我不由得心头为之一震。我连忙说没事，哪怕两个月也行。但杨教授又特别强调了一遍，说一个月完成写序。

记得，我给杨教授打电话的那一天是8月29日，打完电话的当天晚上，我就去快递了书稿。9月17日上午，仅仅过去了半个月左右，杨教授便将手写的序以照片的形式发给了我。7页，整整7页！怕我搞错，他还在每一页上方标上了页码。我的眼眶湿润了，明明说好了一个月的写序时间，杨教授却放下了手头另外的事情，先替我的新著写了序，就因为当时我说书稿已经交给出版社了。他在序中写道："一种教学风格，赋予新的人文内涵，演绎出生动活泼的课堂景象，物化为呈系列的分类课谱，鸣奏出美妙的课堂协奏曲。这就是特级教师季科平的新著——《'童真语文'的好课课谱》给我的第一印象。"我知道这是睿智的杨教授对我的又一次鼓励。当我打电话向他表示深切的感谢时，他说："小季，你不要客气，你喜欢就好，要把探索践行'童真语文'作为毕生的追求。"杨教授的教诲深深地印进了我的心坎里。

请哪个出版社来出版这本书呢？我首先想到的就是广西教育出版社。因为从2018年9月开始我跟着周老师参与了广西教育出版社策划出版的"当代中国语文教育家口述实录（第一辑）"的编撰，这套书入选了2020年国家出版基金资助项目。我们完成的是《周一贯口述——"一以贯之"的语文教育生命观》这一本。在参与编撰的过程中，我深切地感受到了广西教育出版社的认真与严谨。于是在2021年8月初，我联系了出版社时任副社长兼副总编辑的陆思成先生。陆总很客气，他马上去让编辑部落实相关事宜。很快，到8月中旬，我们就基本敲定了出版的有关事项。编辑跟我一一细化了相关的出书要求，到8月底就追问书稿进度了。我连忙把手头的其他事情全部放下，再次认真校对书稿。四天后，我把书稿发给了编辑。到了11月份，编辑给我反馈了初审的意见：一是目录的表达是否可以更一致；二是每篇内容是否可以更完善，前面最好加上教学设想。收到这样的反馈，心中很是温暖，让我真切地感受到广西教育出版社做事的专业与严谨。就这样在来回反馈、互相沟通的过程中，不断提升了书的品质。

这本书得以顺利出版，首先要感谢导师周一贯先生。是他的督促，让我下决心去梳理自己的课例，试着用一个个课例来诠释“童真语文”。而周老师的点评更是提升了“童真语文”教学的深度和品质。偶尔，我也会偷懒，但一想到周老师，我就觉得自己的偷懒有一种负疚感。于是我又会马上加快做事、写书的速度。其次我要感谢杨再隋教授，我很幸运，在探索“童真语文”的路上还遇到了杨教授，而且一次又一次得到了他的鼓励。他为“童真语文”写过一段“简而达”的评语，还写过一则“约而喻”的课评，这次他写了一篇“省而具”的序言。他的鼓励让我更加坚定——把“童真语文”作为毕生的追求！这本书能够如此高质量地出版，更要感谢专业的广西教育出版社。我在想，如果可以，下一本书我还是会选择广西教育出版社。我还想感谢我的学生，我爱他们，可以说也是他们成就了我，我们一起演绎了一个又一个“童真语文”的课例，形成了“童真语文”的好课课谱。

当然，一路走来，一直陪伴我，鼓励我，给我最大支持的是我的先生。他给了我足够多的时间，足够大的空间，足够多的自由，让我潜心去追寻自己的“童真语文”。还有我家女儿，她独立开创自己的“肖肖舞蹈”事业，她不仅不嫌弃妈妈做不好家务，还总是反过来给妈妈做很多好吃的。她也一样支持妈妈去追求自己的梦想！感谢我亲爱的家人，给了我追梦的无限力量。

季科平
2021年12月18日